春は曙光、夏は短夜

季節のうつろう言葉たち

毎日新聞校閲グループ
岩佐義樹

WANI BOOKS

はじめに

『春は曙光《しょこう》、夏は短夜《みじかよ》』という題名をご覧になって、どうお感じになったでしょうか。平安時代の清少納言『枕草子』の「春はあけぼの。やうやうしろくなり行く」「夏はよる。月の頃はさらなり」という冒頭の一節を思い出された方は、幸せだと思います。言葉を通して千年前の女性の見た光景が鮮やかに受け継がれているのですから。

私は、毎日新聞で「週刊漢字　読めますか？」という漢字クイズを9年間連載しており、その時々にふさわしい漢字を選んできました。そして各語について、毎日新聞校閲グループが運営するインターネットサイト「毎日ことば」で、三つの選択肢から読みを選ぶクイズを出題してきました。「曙光」（88ページ）も「短夜」（130ページ）もその一つです。本書では他の語も含め、正解率を示しています。

出題しながら常々思っていたのは、日本語には季節に関わる言葉がなんと豊かかということ。そしてそのほんの一部しか知られていないということです。

例えば、月について調べていて「月は世々《よよ》の形見《かたみ》」（１８６ページ）ということわざを知りました。今はほとんど使われていない言葉ですが、月ははるか昔から現代に受け継がれた形見のようなものという意味が分かると、千年前の日本人からお月さまをめでる気持ちは遺産のように代々受け渡されている、とうなずけます。この感性とともに、素晴らしい言葉たちもまた、未来に引き継がなければなりません。

逆に、不適切な言葉遣いが伝承されるのは好ましくありません。季節にかかわる言葉でつい使ってしまいがちな誤りも、本書にまとめました。

月ごとにその時期にまつわる言葉を集めた本書は、どこから読んでいただいても結構です。そして、もし素晴らしい言葉と思われたら、どこかで使って伝えていただけたら、これに勝る幸せはありません。

毎日新聞校閲グループ　岩佐義樹

5月

6月

7月

8月

9月

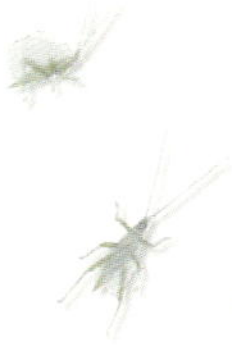

10月

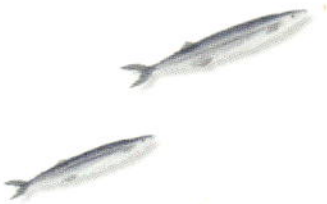

11月

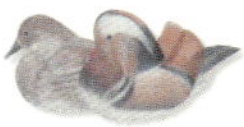

12月

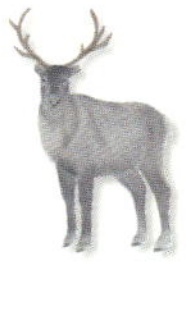

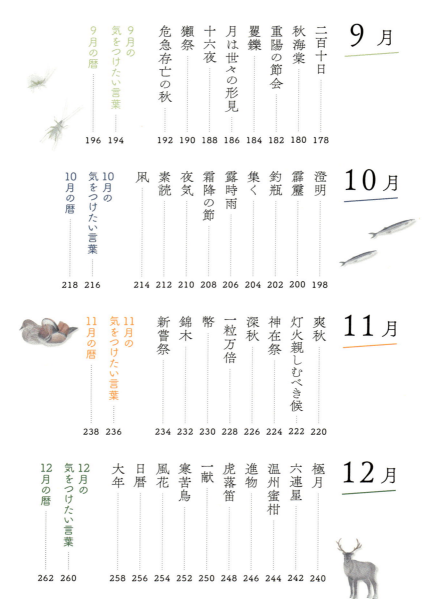

1月

丹頂

［たんちょう］

国の特別天然記念物のツル。釧路湿原などにすむ。「丹」は鮮やかな赤、「頂」は頭のてっぺんを指す。丹頂鶴ともいうが、タンチョウが標準和名。

しょうしゅん

頌春

新年をたたえること（「頌」は「たたえる」という意味）。

「頌春《しょうしゅん》」という言葉は「賀正《がしょう》」「迎春《げいしゅん》」などと並び、年賀状によく用いられます。ただし、目上の方には「謹賀新年」や「謹んで新年のおよろこびを申し上げます」などのほうがふさわしく、**2文字のあいさつは同格や目下の人に向けるべきだとする考えもあります。**

太宰治の短編「虚構の春」は、太宰治本人に来たと思われる（あるいはタイトルが表すように虚構の？）手紙を並べた斬新なアイデアの小説です。その最後は「元旦」という小見出しの後、年賀状のあいさつが羅列されます。「謹賀新年。」「献春。」「あけましておめでとう。」「賀正。」「頌春献寿。」「謹賀新春。」「賀正。」「頌春。」「謹賀新年。」

「賀春。」「おめでとございます。」……（一部略）
数えると21通のうち、4通で「頌春」が使われています。今の年賀状も「頌春」は
それくらいの割合ではないでしょうか。

しかし、この字の読みは難読です。正しい読みの「しょうしゅん」よりも、「こう
しゅん」と読んでしまう人が多くいます。「頌」の一部の「公」から類推して「こう
しゅん」と読む人が多いことがうかがえます。

例
◎頌春　新しい年を迎え皆々様のご健康とご多幸をお祈り申し
上げます

漢字の読みの正解率
39%

だいだいかざる

橙飾る

ダイダイはミカンの仲間。「代々」に通じ、何代も続く繁栄を表す縁起物として、鏡餅の上などに置かれる。

「橙」だけで新年の季語とする歳時記も少なくないようですが、果実として秋の季語とする歳時記もあります。ただ、「橙飾《だいだいかざ》る」となると文句なく新春の季語です。**食べ物というよりは縁起を担いだ飾り物で、実を取らないでいると緑色に戻ることも縁起担ぎとして好まれる一因のようです。**

色の名としても有名な「橙」ですが、近年は「オレンジ色」のほうがよく使われるため「橙色」という言葉は出番が少なくなっているようです。

オレンジ色といえば、「肌色」という代わりに「ペールオレンジ」という言い方が増えているようです。確かに、国際化の時代に肌色という言葉はふさわしくないといえるでしょう。ただ「ペール」といわれても分からない人はまだ多いのではないでしょうか。そのせいか、肌色を「うす橙色」と表現する場合もあります。

色の名としては、橙色の出番が少なくなっていると書きましたが、案外そういう形で代々使われていくかもしれません。

例

◎どうしても傾ぐ**橙飾り**けり　山本恵子

漢字の読みの正解率 54%

去年今年

こぞことし

古い年が去り、新しい年が来たことを表す季語。

「去年今年《こぞことし》」といっても、ただ「去年」と「今年」を並列させているわけではありません。あっという間に時が移り変わることへの感慨がこもっています。

「去年今年」を使った高浜虚子《たかはまきょし》の有名な句が、「去年今年貫く棒の如《ごと》きもの」です。発表されたのは戦後ですが、この句ができる前から「こぞことし」という言葉はあり、『源氏物語』にも出てきます。

毎日新聞校閲グループのインターネットサイト「毎日ことば」で、漢字の読みを3択で出題したところ、「こぞことし」の正解率は47%でした。他の選択肢は「ゆくとしくるとし」が28%、「おちこち」が25%。新聞では新年などに毎年といっていいほど虚子の句が引用されるのですが、「去年今年」の読みは一般的にはあまり普及していないようです。「ゆくとしくるとし」の誤答が多かったのは、紅白歌合戦の後に放送されるNHK番組の影響かもしれません。

今は元日の午前0時に「あけましておめでとうございます」というあいさつが飛び交いますが、昔は午前0時で新年になるのではなく、夜全体が境でした。真夜中に「あけまして」というのは、考えてみればおかしいですね。ですから、元日の午前0時を過ぎたころはしみじみと「去年今年貫く平穏いつまでも」などと祈ってみるのはいかがでしょうか。

例

◎いそがしき妻も眠りぬ去年今年　日野草城

◎まだ酒が飲める幸せ去年今年　益田清

漢字の読みの正解率

47%

さんけい

参詣

神社や寺などにお参りすること。

「詣」という字は、2010年の常用漢字表改定で「ケイ」「もう（でる）」の音訓で常用漢字表に入りました。

「参詣《さんけい》」で多いのが、読みを「さんぱい」と誤る人。「さんぱい」は「参拝」と書きます。**参拝とは、神社や寺に行って、拝むこと。一方で「参詣」は、神社や寺に行く、物理的な移動を意味します。**

だからでしょうか、「参詣道」という言葉はよく使われますが、「参拝道」となるとあまり見聞きしません。

似た言葉であっても、意味は少し違ってくるのです。

日常会話としては「お参り」で済みますし、読めなくても不思議ではないのですが、文章としては「参詣」も「造詣《ぞうけい》」も頻出します。覚えておきたい熟語です。

ちなみに「造詣」の「詣」は「お参りする」という意味ではなく、「学問などが高い境地にいっているさま」を表します。主に「造詣が深い」という形で使います。

例

◎伊勢神宮に**参詣**する。

◎新年を迎え、各地の社寺は元日から初詣の**参詣**客でにぎわった。

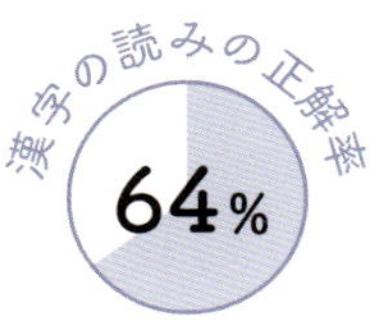

人日

じんじつ

五節句の一つで、1月7日を指す。本来は旧暦だが、今は主に新暦で扱われる。

五節句というのは一年に5度ある節句のことで、「人日《じんじつ》」の他に、上巳《じょうし》（3月3日）、端午《たんご》（5月5日）、七夕《しちせき》（7月7日）、重陽《ちょうよう》（9月9日）があります。

この中で特に知られていないのが「人日」ではないでしょうか。

なぜ「人日」と呼ぶかというと、**昔の中国では、その日に人の世界の運勢を占ったという説や、人を尊ぶ日として犯罪者の刑罰をしない日だったという説があります。**

それよりも今は、1月7日といえば七草がゆの風習で有名ですね。「人日の節句」と同義で「七草の節句」という言葉もあります。

7日の行事として、7種の若菜であつもの（スープ）を作ったというのが、七草がゆの中国での起源ですが、日本でも古くから正月に7種の若草のかゆを作る風習はあり、911年に記録があるそうです。『枕草子』にも「七日の日の若菜」で始まる段があります。

いずれにしても、一年の無病息災を祈る意味があったことは変わらないとみていいでしょう。

例

◎「人日の節句」の1月7日、各地で無病息災を願う七草がゆが振る舞われた。

◎人日の日もて終りし昭和かな　稲畑汀子

漢字の読みの正解率

49%

なずな

薺

春の七草の一つ。別名ペンペングサ。

「薺《なずな》」の漢字は難解です。普通は仮名で書くので知らなくても困ることはないと思いますが、「春先に最も早く芽を出す薺をもって、七種の代表とする場合が多い」（『角川俳句大歳時記』）など、**歳時記・俳句ではよく漢字が使われます。**

七草がゆを作るとき、包丁でたたきながら「七草なずな唐土《とうど》の鳥が渡らぬ先に……」などと歌う風習があります。

鈴木棠三《とうぞう》『日本年中行事辞典』（角川書店）によると、「七草ばやしの歌に唐土の鳥とあるのは、鬼車鳥という鳥であるとの俗説」があるとのことで、「人の爪を拾って食うというので、夜爪を切らぬものなどの禁忌がある。これが転じたものが姑獲鳥《うぶめ》という怪鳥だともいわれる」のだそうです。なんと、京極夏彦さんの小説『姑獲鳥の夏』で有名になった妖怪がこんなところに！

爪切りとの関わりも俗信とはいえ面白いですね。正月7日にその年初めて爪を切ることを意味する「薺爪」という季語もあります。

例

◎よく見れば薺花咲く垣根かな　松尾芭蕉

◎薺爪あとより紅をさしにけり　青木月斗

漢字の読みの正解率

60%

だいかん

大寒

二十四節気《にじゅうしせっき》という、一年を24に分けた季節の節目の一つ。

「大寒《だいかん》」は一年を通して最も寒いころで、新暦では1月20日ごろにあたります。


「大寒」の後の二十四節気を順に並べてみます。

春は「立春」「雨水《うすい》」「啓蟄《けいちつ》」「春分」「清明《せいめい》」「穀雨《こくう》」。

夏は「立夏《りっか》」「小満《しょうまん》」「芒種《ぼうしゅ》」「夏至」「小暑《しょうしょ》」「大暑《たいしょ》」。

秋は「立秋」「処暑《しょしょ》」「白露《はくろ》」「秋分」「寒露《かんろ》」。

冬は「霜降《そうこう》」「立冬」「小雪《しょうせつ》」「大雪《たいせつ》」「冬至」「小寒《しょうかん》」です。

このうち「大暑」「大雪」の「大」は「たい」と読むのに対し、「大寒」は「だい」と読みます。

いや、実は漢和辞典には「たいかん」の読みを示すものがあります。しかし、国語辞典では「たいかん」の読みが見当たりません。国立天文台のホームページなどでも「だいかん」の読みが示されています。

ということは、漢文の読み下しならぬ現代日本語の読みとしては「だいかん」が標準ということは否定できないでしょう。

例

◎今日は**大寒**だが、次の二十四節気は立春。春はすぐそこだ。

◎**大寒**の大々《だいだい》とした月よかな　小林一茶

漢字の読みの正解率

62%

あたらしんみょう

可惜身命

体や命を大切にすること。

新しい年が始まって間もなく「成人の日」がやってきます。新成人に「可惜身命《あたらしんみょう》」という言葉を伝えたいと思います。

「あたら若い命を失う」などという「あたら」は「惜しくも」という意味で、漢字にすると「可惜」ですが、「新しい」という形容詞の語源としての側面もあります。「新しい」という形容詞は、新しいものは惜しく思うことから「可惜」が転じたとされています。今「新た」と新の漢字を用いる「あらた」は、「あたら」と混同した結果だそうです。

「可惜身命」の対語とされるのが「不惜身命《ふしゃくしんみょう》」。「体や命をささげても惜しくない」ことを意味するこの言葉は、かつて貴乃花が横綱になるときの口上として有名になりましたが、「可惜身命」は知られていません。

しかし「不惜身命」よりも「体や命を大切にする」意の「可惜身命」の方が、はるかに価値ある言葉ではないでしょうか。

命は惜しむべきもの。おびただしい若い命があたら散っていった70年以上前の戦争を踏まえ、平和が続くことを祈りつつ、この言葉を選びました。

例

◎新たに成人となった皆さんは「可惜身命」という言葉を胸に、自分を、そして他人を慈しんでほしい。

漢字の読みの正解率 23%

ひあしのぶ

日脚伸ぶ

昼の時間がだんだん長くなり、日の暮れるのが遅くなること。

「日脚」だけなら「にっきゃく」とも読みますが、「伸びる」の古語「伸ぶ」を付けた季語では「日脚伸《ひあしの》ぶ」です。

「日脚」には「日光」の意味もかつてあったのですが、やがて「昼間の時間」の意味で用いられるようになりました。また、昔は「日足」という表記も見られましたが、今はほぼ「日脚」に統一されています。

昔といえば、かつては冬至を過ぎると一日に畳の目一つずつ日が伸びるといわれたものですが、今は畳の部屋も少なくなり、実感が薄くなっているかもしれません。

しかし冬至から1カ月以上過ぎると、ふとずいぶん日が長くなっていることに気づくことは誰にでもあるでしょう。そんなとき、句作とは関係なくても使ってほしい美しい季語です。

例

◎校了の赤えんぴつに**日脚伸ぶ**　西上禎子

◎まだまだ寒い日が続きますが、**日脚**は着実に**伸び**ていっています。

漢字の読みの正解率 83%

元旦

がんたん

みなさんは「元旦の朝」「元旦の昼」「元旦の夜」という表現を、何気なく使っていませんか？　実は、漢字の成り立ちから考えると、これらはすべて間違いです。

この場合、「元旦」を「元日」に直さなければなりません。「旦」という字は地平線（一）の上に太陽（日）が現れることを表すので、朝という意味になります。ですから「元旦の朝」だと意味が重複しますし、「元旦の昼・夜」では矛盾する表現となります。ただし、「元日」なら1月1日のことですので「元日の朝」「元日の夜」なら問題ありません。

もっとも、元旦を元日と同じ意味と記す辞書は少なくありません。しかし、『明鏡国語辞典』第2版では「注意」欄で「元旦の朝」は「厳密な意味では重言」、「元旦の昼」「元旦の夜」なども避けたいと指導しています。

年の初めから不適切な言葉遣いをすることなく、すっきりした用語で、すがすがしい正月をお迎えください。

弱冠

じゃっかん

1月の第2月曜日は、国民の祝日「成人の日」です。2000年のハッピーマンデー制度実施の前は、1月15日が成人の日でした。

これは昔、元服が1月15日に行われたことに由来します。昔の中国では20歳を「弱」と言いました。つまり、男子が元服して「冠」をかぶることで「弱冠」という言葉が生まれたのです。しかし、今は20歳に限らず「弱冠18歳で起業」など、単に年の若い人に用いられています。

ところで、ツイッターで「弱冠を他人に使うのは失礼」という意見を見かけたことがあります。本来であればむしろ褒め言葉なのですが、「弱い」というイメージに引きずられて、誤った解釈をする人が増えているのかもしれませんね。「若冠」という表記が散見されるのも「弱い」のではないという意識のなせるわざでしょうか。『新潮現代国語辞典』は「若冠」を誤字扱いせず載せていますが、逆に誤りとする辞書もあり、新聞などでは「若冠」を認めていないのが現状です。

1月の暦

1日 【元日《がんじつ》】

7日 【七草《ななくさ》がゆ】

春の七草であるセリ、ナズナ、ゴギョウ、ハコベラ、ホトケノザ、スズナ、スズシロの入ったかゆを、1月7日に食べる。昔は野で若菜摘みをした。

11日など 【鏡開《かがみびら》き】

15日 【小正月《こしょうがつ》】

24,25日 【うそ替《か》え神事《しんじ》(東京・亀戸)】

2月

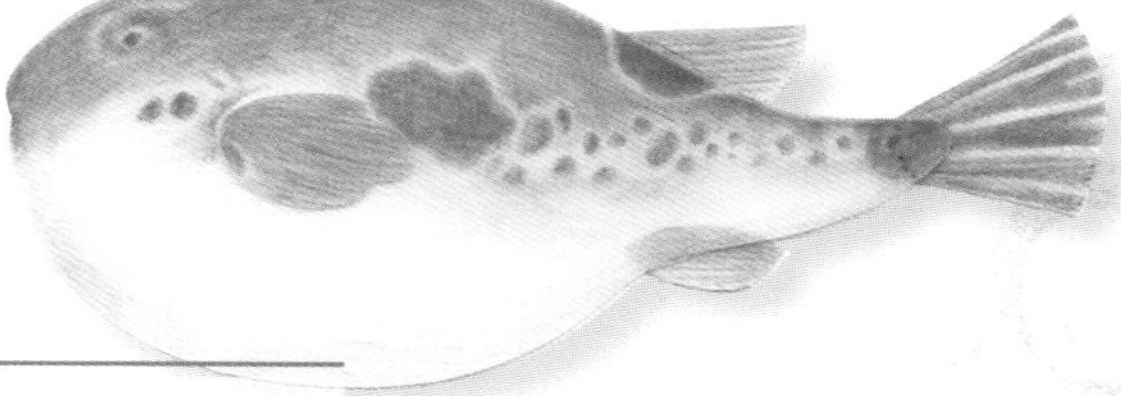

河豚

［ふぐ］

「河豚は食いたし命は惜しし」ということわざもあるように、美味と猛毒で有名。山口県下関市では福と掛けて、「ふく」とされ、2月9日は語呂合わせで「ふくの日」。

煎り豆に花

いりまめにはな

ありえないことが起こること。

2月3日の節分といえば豆まき。そこで豆にまつわることわざ「煎《い》り豆《まめ》に花《はな》」を選びました。

節分の豆は当然、煎った豆を使います。ですから庭に落ちた豆から芽が出ることも、ましてや花が咲くこともあり得ません。そこで、あり得ないことが起こることのたとえとして「煎り豆に花」ということわざがあります。

また、「衰えたものが再び栄える」という意味もあります。節分の次の日は立春ですから、冬の寒さに衰えたものが目覚めるという意味を込めると、これほど節分にふさわしいことわざはないでしょう。
煎の字は２０１０年に追加された常用漢字の一つです。煎茶などの「セン」の音読みとともに「い（る）」の訓も新常用漢字表の仲間入りをしました。「煎る」は「炒《い》る」との使い分けが難問で、「炒り豆」「煎り豆」も辞書によって分かれています。ただ「炒」は常用漢字ではありません。したがって常用漢字を基本にする新聞では、特に事情がなければ「煎り豆」の表記となります。

例

◎節分の夜にまいた**煎り豆に花**が咲くなんてことはないが、枯れ木に花のたとえもあるぞ。

つのぐむ

角ぐむ

アシなどの植物の芽が土から角のように出ること。

立春とともに「暦の上では春」となるのですが、まだまだ寒い日が続きます。思い出されるのは唱歌「早春賦《そうしゅんふ》」です。1番は「春は名のみの風の寒さや」で始まります。2番は「氷解け去り葦《あし》は角《つの》ぐむ」で始まり「今日もきのうも雪の空」と繰り返して終わります。

この歌詞の2番「氷解け去り葦は角ぐむ」は、なぜ水仙とかでなくて「葦は角ぐむ」なのでしょう。どうやら「古事記」に関係しているらしいのです。**最初のところ、イザナギとイザナミが国づくりをする前に生まれた神は「葦牙《あしかび》のごと萌《も》え騰《あが》る物に因《よ》りて成った」とされます。「葦牙」は「葦の芽。十分に春になったこと」という意味**

です。

この牙が角になって、「角ぐむ」と葦がセットで伝えられてきたようなのです。日本語の歴史の重みを感じる言葉なので、忘れ去られることのないように後世に伝えていきたいですね。

例

◎いろいろな植物の芽が**角ぐむ**春はすぐそこだ。

◎三島江や霜もまだひぬ蘆の葉に**角ぐむ**ほどの春風ぞ吹く　源通光

漢字の読みの正解率 70%

よかん

余寒

立春を過ぎても寒さが残っていること。

「余寒《よかん》」は春の季語ですが、「よさむ」は秋の季語で「夜寒」と書きます。夜寒の方が知られていると思われるので、その読みに引きずられて「余寒」も「よさむ」と読む人が多いかもしれないと思い、「毎日ことば」の漢字クイズで出題しました。

結果は「よさむ」25％に対し、正解の「よかん」が72％。思ったほど誤解する人はいなかったようです。「余寒」という言葉は意外に知られているのでしょうか。

もっとも、この言葉への知識がなくても、「余」を音読みの「ヨ」と読むのであれば、やはり音読みの「カン」と続けるのが正しそうだ――という勘で当たった人も少なくなかったかもしれません。

余寒と似た意味の語に「春寒」があります。「はるさむ」とも「しゅんかん」とも読みます。訓読みにはやわらかさを、音読みには硬さを感じるので、同じ漢字でもニュアンスは違ってきます。

しかし「余寒」は音読みしかありません。そのぶん読みやすいのですが、耳で聞くと「予感」と間違えるかもしれません。

例

◎「春は名のみの風の寒さや」と歌われるように、余寒が続いています。

◎鶯はきかぬ気で鳴く余寒かな　小林一茶

漢字の読みの正解率 72%

やばい

野梅

野に咲く梅。

梅が咲いて春の到来を知るので、梅の花のことを「梅暦《うめごよみ》」ともいいます。**梅には「好文木《こうぶんぼく》」という異称もあります。中国・晋の武帝が学問に励むと咲き、怠ると枯れたという故事からということです。**梅の名所として有名な水戸市の偕楽園の中には、この故事に基づく「好文亭」という建物があります。

さて、「野梅《やばい》」という漢字は易しくても、言葉自体はあまり一般的ではないと思います。この文字を見かけることはあっても、振り仮名がないと読みを意識しないのではないでしょうか。予備知識がなく「やばい」という音読みを耳で聞くと、全く違う俗な言葉を思い浮かべる人が多いに違いありません。

とはいえ「のうめ」という読みは少なくとも『広辞苑』クラスの辞書は採用しておらず、現代日本語では音読みが適切といえるでしょう。

なお「探梅《たんばい》」というのは早咲きの野梅が咲いていないかと探しに行くことですが、冬の季語です。梅や野梅は春の季語です。

野梅は盆栽でも人気があります。盆栽になってしまえば「野」といえないような気もしますが、それを言うのはやぼというものでしょう。

例

◎暖かな日差しに誘われ**野梅**がちらほら花を付け始めた。
◎道ばたの風吹きすさぶ**野梅**かな　高浜虚子

漢字の読みの正解率 37%

しとう

枝頭

枝の先端。こずえのこと。

「枝頭《しとう》」は、中国の戴益《たいえき》による詩「探春《たんしゅん》」で使われています。

終日、春を尋ねて春を見ず
藜《あかざ》を杖《つえ》つき踏破す　幾重の雲
帰り来たりて試みに梅梢《ばいしょう》を把《と》りて看《み》れば
春は枝頭に在《あ》って已《すで》に十分

この詩は、春を探して歩き回ったが見つからず、自宅に帰って庭を見ると梅の花が枝先に開いていたという意味です。「春は枝頭にあってすでに十分」という成句となりました。「青い鳥」の寓話《ぐうわ》を思わせますが、中国・宋の詩人が果たしてメーテルリンク的な幸福観に基づいて詩を書いたかどうか分かりません。単に「灯台下暗し」という詩なのかもしれません。

いずれにせよ、春先にぴったりの詩句ですのでもっと知られてもよいでしょう。

例

◎わざわざ遠くの名園まで梅を見に行かなくても、近所の公園の梅は**枝頭**に既に花をつけていた。

漢字の読みの正解率

32%

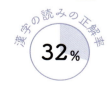

みぞれ

霙

雨まじりに降る雪。または、解けかかって降る雪（気象庁の「天気予報等で用いる用語」より）。

漢字の「霙《みぞれ》」に「英」があるのは、英の字に「花」の意味があるからでしょう。英の字だけで「はなぶさ」と読む姓もあります。確かに雪の結晶は花に似ていて、漢字を作った人のセンスを感じます。

一方「みぞれ」という和語も「みず」との関係を感じさせます。霰《あられ》などとともに普通は仮名書きです。

円満字二郎さんは『雨かんむり漢字読本』（草思社）で、びしゃびしゃのみぞれに「霙」というかっこいい字を使う違和感を述べたうえで、「わびしさ」が「美しさ」になる日本的な美の感覚が潜んでいると指摘しています。

ところで、「みぞれまじりの雨が雪に変わった」などの言い方を時々目にしますが、おかしな表現です。**みぞれとは、雪と雨がまじった状態のこと。**「みぞれ」だけで両者がまじっているのですから、「みぞれまじりの雨」も「みぞれまじりの雪」も不適切なのです。

気象庁ホームページの用語解説でも「みぞれ混じりの雪(雨)」は「使用を控える用語」で「みぞれ」が適切とされています。

例

◎私の上に降る雪は／霙のやうでありました

中原中也「生ひ立ちの歌」

漢字の読みの正解率 52%

こいはしあんのほか

恋は思案の外

恋は理屈では説明できないということ。

2月14日のバレンタインデーをきっかけに恋が生まれるということは、今でも多いのでしょうか。女性から男性に渡す風習だったのが、「友チョコ」という言葉も生まれ、女性同士などに多様化していることがいわれています。

それはともかく、恋に関する慣用句は多くあります。「恋《こい》は思案《しあん》の外《ほか》」と同様に、理性を失わせるものとしての表現に「恋は闇」「恋は人の外」などがあります。

「四百四病《しひゃくしびょう》の外」というのは、人間の病気の数は４０４あるけれど、それ以外に恋の病があるという言葉です。ちなみに「ほか」は「他」の字もありますが、「恋は思案の外」と同様、慣用句としては「外」の字が適切です。

「恋に憂き身をやつす」は、身がやせ細るほど熱中する恋という意味。「恋の病に薬なし」は、どんな薬をもっても恋の病は治すことができないという意味。「恋に上下の隔てなし」は、愛し合っている男女の仲には身分は一切関係ないという意味で、恋に関する慣用句は次々と浮かびます。「恋はし勝ち」は、恋は積極的に仕掛けた者が勝つということわざ。ライバルの事情など考えることはないということです。とはいうものの「恋の遺恨と食い物の遺恨は恐ろしい」という慣用句もあるので、あとあと根に持たれるかもしれません。

例

◎**恋は思案の外**というが、どうしてあんな人を好きになってしまったのか分からない。

漢字の読みの正解率 70%

こち

東風

春に東から吹いてくる風。

「東風《こち》」は「ひがしかぜ」「とうふう」とも読みますが、菅原道真の和歌「東風吹かばにほひおこせよ梅の花あるじなしとて春を忘るな」とともに、「こち」の読みもよく知られています。道真が九州の大宰府に左遷されるときに詠んだという歌です。

この歌の最後を「春な忘れそ」と覚えている人も多いのではないでしょうか。『日本古典文学大系』（岩波書店）の『古今著聞集《ここんちょもんじゅう》』などでは「春な忘れそ」となっています。これに対し『新編国歌大観《しんぺんこっかたいかん》』（角川学芸出版）にある『拾遺和歌集《しゅういわかしゅう》』では「春をわするな」。『日本古典文学大系』の『大鏡《おおかがみ》』に出てくる表記も「はるをわするな」です。どちらの表記もあるというわけです。

「東風」は「西高東低の冬型の気圧配置が崩れて、太平洋から大陸の方へと風が吹き始めるが、これが『こち』である」と『角川俳句大歳時記』で解説されています。**この季節風と梅が道真の悲劇というエピソードと結びつき、日本人にとって忘れられない語となったのでしょう。**

固有名詞では、沖縄県に東風平《こちんだ》という旧自治体名があります。2006年の合併で八重瀬町の一地区になりましたが、東風というゆかしい日本語とからめて覚えておきたい地名です。

例

◎太宰府天満宮には道真を慕って飛んできたという「飛梅《とびうめ》」がある。**東風**に乗ってやってきたのだろう。

漢字の読みの正解率 90%

小春日和

こはるびより

2月初めの立春から、暦の上では春となります。このころから、次第に暖かい日が多くなっていきますね。この時期、時々見かける間違いが、「小春日和に誘われ梅が開花」などの表現です。

これは「小春」を春の初めごろと誤解した使い方です。「小春」とは旧暦10月のこと。つまり、「小春日和」とは晩秋から初冬にあたる時期に訪れる、春のように暖かい日和を指す言葉なのです。

以前、毎日新聞に「小春日和が秋の季語だと最近知った」という趣旨の読者の投稿が寄せられました。歳時記と辞書に当たってみましたが、すべて冬の季語となっています。読者に連絡の上、「冬の季語」と修正しました。誤解のもとは、「小春」の意味として辞書などに載っている「陰暦10月」という記述にあるのかもしれません。10月といえば秋で、新暦と1カ月くらいずれがあるとしても、11月もまだ秋だという思いがあったのかもしれませんね。でも、立冬を過ぎたころのことなのです。

建国記念の日

けんこくきねんのひ

2月11日は国民の祝日「建国記念の日」です。よく「建国記念日」といわれていますが、祝日法で決められている表記では「の」が入ります。戦前、この日は「紀元節」と呼ばれていました。日本書紀で、神武天皇の即位の日とされているためです。1948年に廃止されたものの、1966年に「建国記念の日」として復活しました。

ところで、2月といえば基本的に4年に1度「うるう年」が巡ってきます。月末が28日ではなく、29日の年のことです。これには、神武天皇即位以来の「皇紀」が関わっています。「閏年ニ関スル件」という明治時代の法令で、神武天皇即位紀元年数（皇紀）が4で割れる年をうるう年としているのです。いまだに皇紀によってうるう年が定められているとは、驚いてしまいますね！

ちなみに先ほど、うるう年が「基本的に」4年に1度と書いたのは、そうではない年があるからです。西暦1900年、2100年は4年に1度の年ですが、複雑な規定によって、うるう年ではないことになっています。

2月の暦

3日ごろ 【節分《せつぶん》、追儺《ついな》】

追難は悪鬼を追い払うために、立春の前日に行われる行事。鎌倉時代までは大みそかに行われた。豆をまく風習は、室町時代の京都からという。

4日ごろ 【立春《りっしゅん》】

11日 【建国記念《けんこくきねん》の日《ひ》】

14日 【バレンタインデー】

3月

雲雀

［ひばり］

スズメよりやや大きい鳥。春に空高く舞い上がる。「雲雀の鳴くのは口で鳴くのではない、魂全体が鳴くのだ」（夏目漱石『草枕』）

ぼんぼり

雪洞

小型のあんどん。

「雪洞《ぼんぼり》」を知らなくても、童謡「うれしいひなまつり」の「あかりをつけましょぼんぼりに」は知っている方も多いでしょう。

ひな飾りは宮中の婚礼を模したものですが、昔の婚礼は夜に行われたといいます。そこでおひな様の左右に飾られるようになったのでしょう。

そういえば婚の字には日暮れを意味する「昏」が含まれます。

「雪洞」は普通に「せつどう」とも読みますが、その場合は文字通り「雪の中に掘る穴」という意味の登山用語です。

『語源海』（東京書籍）によると、著者の杉本つとむさんが学生に試問したところでは

「かまくら」と読んだ者が少なくなかったそうです。「毎日ことば」の読み方クイズでも「かまくら」は半数でした。

また「せっとう」と読むと「ぼんぼり」を指すこともありますが、本来は茶の湯を沸かす道具である風炉を覆う蓋《ふた》のことです。

「雪洞」は文脈によって三つの読みがある、やっかいな漢字なのです。

例

◎貝殻尽しの雛屏風《ひなびやうぶ》を、膳椀《ぜんわん》を、画《え》雪洞《ぼんぼり》を、色糸の手鞠《てまり》を、そうしてまた父の横顔を、……

芥川龍之介『雛』

漢字の読みの正解率 46%

斑雪

はだれ

まだらに降り積もった雪のこと。

歳時記をめくると、日常で出合うこともない美しい語があふれています。特に雪に関しては多いと感じます。

例えば「雪の果て」。春になって降る最後の雪を指し「雪の別れ」「雪の名残」ともいうそうです。どちらも抱き締めたくなるような日本語です。

そして**「斑雪《はだれ》」は「まだら」な状態のことで、「はだれ雪」ともいいます。**春の季語ですが、江戸時代までは冬の言葉とされていたそうです。昭和の歳時記から春になったのです。解けかかった雪が春を感じさせるからでしょう。

「斑」は音読みが「ハン」で「斑点」などで使われています。「班」の字と似ているので気をつけなければなりません。
訓は、常用漢字表内には採用されていませんが普通は「まだら」。ですから「斑雪」を「まだらゆき」と読んでもいいのですが、「はだれ」という方がぐっと語感がよくなります。「はらはらと雪が降る」「はかない」などの「は」が使われるからでしょうか。

例
◎夜見来《よみこ》の川のくらくして、斑雪しづかにけむりだつ
宮沢賢治「峡野早春」

漢字の読みの正解率
48%

糸遊

いとゆう

かげろうのこと。

「糸遊《いとゆう》」は、もとは早春や晩秋のころに、空中にクモの糸が漂う現象のことだったようです。転じて、暖められた空気が光の屈折によってゆらゆら立ち上るさま、つまり「かげろう」を、糸が遊んでいると見立てたわけです。春の季語となっています。

訓読みに続き、音読みが来る熟語の読み方を「湯桶《ゆとう》読み」といいます。訓同士、音同士に比べたら珍しい組み合わせですが、この場合「いと」の後に「ゆう」という音読みを使うことで、ゆらめいているという語感が生まれます。素晴らしい言語感覚ではありませんか。

「毎日ことば」で紹介したところ、「美しい日本語」と書いてくださった反応がありました。もっと多くの方に知られてよい言葉だと思います。

ちなみに、「かげろう」とその古語「かぎろひ」も美しい言葉です。漢字だと「陽炎」ですが、「ようえん」と読むと暑苦しい感じでしっくりきません。「かげろう」は虫のカゲロウに通じ、はかないもののたとえとして用いられます。

例

◎糸遊に結びつきたる煙かな　松尾芭蕉

漢字の読みの正解率 20%

独活《うど》

ウコギ科の多年草。

春の芽や茎をあえ、ほろ苦さを楽しむ「独活《うど》」は、自生する山菜の一つではありますが、畑で栽培されることも多いためか「野菜」とする辞書もあります。

この漢字「独活」を「毎日ことば」で出題したところ、「婚活」の逆かと思ったという反応がありました。なるほど、「就活」「終活」など何にでも「活」を付ける風潮からいえば、独立する活動の意味でそういう造語ができていても不思議ではありません。

語源としては「独活の名は風なくして独りで活《い》く」の意といいます。春に独立する人を励ますような字ですよね。でも、大きくなると役に立たないことを意味する「独活の大木」という言葉もあります。

「独活」の和名は『語源海』（杉本つとむ著、東京書籍）によると「土の中に〈うづくまっている〉ところから」の名だそうです。真に独立する前には、しっかりうずくまる期間が必要ということかもしれません。

例

◎雪間より薄紫の芽独活かな　松尾芭蕉

漢字の読みの正解率 67%

ひがんのちゅうにち

彼岸の中日

彼岸7日間の真ん中の日。春は春分の日で3月20日ごろ。

「彼岸《ひがん》の中日《ちゅうにち》」は、春なら春分の日と同じことなので、「今日は春分の日なのでお墓参りへ」と書いてもいいはずですが、実際には「彼岸の中日」「お彼岸」とした方がしっくりきます。

これは、彼岸という言葉の方が宗教的な色彩が濃いからでしょう。**彼岸は、煩悩に苦しむこちら側の岸**（**現世**）**から、修行によってかなたの岸**（**彼岸**）**に至ることを表す仏教用語です。**

これに対し「春分の日」は昼と夜の長さが同じになる（実際には昼の方が長い）などといわれるように、天文的、あるいは国民の祝日としての使い方が多いようです。

彼岸は春の季語です。当然、秋にも彼岸はありますが、季語では「秋彼岸」と呼んで使い分けています。

ちなみに、彼岸のお菓子といえば「おはぎ」ですが、春の彼岸は「ぼたもち」、秋の彼岸に出るのが「おはぎ」と使い分けるという説があります。ぼたもちはボタンの、おはぎはハギの花に関連づけたものです。でも、今はあまり区別されていないようです。

例

◎彼岸の中日を迎え、「暑さ寒さも彼岸まで」との通り、暖かい日も多くなってきた。
◎彼岸の中日には京都・浄瑠璃寺で秘仏の薬師如来像が特別に拝観できる。

漢字の読みの正解率
85%

しし

孜々

せっせと励む様子。

この「孜」の字は２０１７年に亡くなった羽田《はた》孜《つとむ》元首相の名でご存じの方が多いと思います。

「孜々《しし》として」の文例として、ロンドン留学中の夏目漱石の１９０１（明治34）年3月21日の日記から紹介しましょう。岩波文庫の『漱石日記』から引用します。

《三月二十一日 （前略）未来は如何《いかが》あるべきか。自ら得意になる勿《なか》れ。自ら棄る勿れ。黙々として牛の如くせよ。孜々として鶏の如くせよ。内を虚にして大呼《たいこ》する勿れ。真面目に考えよ。誠実に語れ。摯実《しじつ》に行え。汝《なんじ》の現今に播《ま》く種は、やがて汝の収むべき未来となって現わるべし》

いかがでしょう。日記という自分にむけた表現とは思えませんね。でもたとえ他人にむけた文章だとしても、今日これだけ力のこもった激励の言葉を述べられる人がどれだけいるでしょうか。

漢語が多い言葉の力強さもさることながら、**神経を削るほどに日本の未来を考えていた明治という時代の精神が、短い文言からはじけだすようです。**

この文章は、卒業など、新生活を迎える人にもぴったりだと思いませんか。

例

◎こつこつと、孜々として取り組まれた事業が見事に花開きました。

漢字の読みの正解率

53%

夢見草

ゆめみぐさ

桜の異称。

「夢見草《ゆめみぐさ》って桜のこと？　木なのに『草』？」というように思われるかもしれませんが、実物の桜と同様、美しい言葉であることは否定できないでしょう。ちなみに「夢見月」は旧暦3月の異称です。

3月も末になればソメイヨシノ開花の便りが聞かれます。もちろん桜はソメイヨシノだけが美しいのではありませんが、満開の桜は妙に人を夢見心地にさせます。**「夢見草」というのは誰がいつごろ言い出した異称かは定かではありませんが、その夢幻的作用が言葉から感じられます。**

ただし、美しいばかりとは限りません。花見の宴会も終わって人が誰もいない深夜、満開の桜並木を通ると、どこか異空間に迷い込んだような不安な感覚に陥ることがあるのではないでしょうか。

そして「夢」という漢字も、漢字学者・白川静さんによると本来はちょっとおどろおどろしい意味だったようです。この字は、眉に飾りを付けた巫女《みこ》が呪いによって相手の睡眠中に現出させた夢魔を表したのです。

桜には人にそういう呪いをかける魔が潜んでいるかもしれません。そういえば、戦時中は兵隊たちに散る際の潔さを刷り込ませたことがありました。もちろん、花に罪はないのですが。

例

◎夢見草とも言われる桜は、どんな夢を見ているのだろう。

漢字の読みの正解率 45%

弥生尽

やよいじん

旧暦3月が終わること。

「弥生尽《やよいじん》」と同じ意味で「三月尽」ともいいます。旧暦では3月までが春なので、「弥生尽」は春の終わりを指します。「弥生尽」は行く春を惜しむ気持ちがこもっている言葉です。「弥生」は3月のことというのはご存じの方が多いと思います。

「弥」の字は2010年に入った常用漢字で、常用漢字表に「弥生」の語もあります。本来は「いやおい」だったと考えられ、「いや」はここでは「ますます」の意味です。「草木がますます生い茂る」ことから旧暦の3月を指すようになったのです。

一方、3月の終わりは新暦では年度替わりにあたります。ただし、**新しい年度に向けそれまでの生活への別れの気持ちをこめるときには、「弥生尽」よりは「三月尽」**

の方がふさわしいと思われます。

今のカレンダーなどでは、新暦なのに3月は「弥生」と印刷される場合も多いので、3月31日のことを「弥生も終わり」としても一般的には間違いとはいえません。

しかし、本来の意味を念頭に置くと、4月の方が「草木がますます生い茂る」のですから、少なくとも「弥生尽」など特別な季語を使うときは気をつけた方がいいでしょう。

例

◎色も香もうしろ姿や弥生尽　与謝蕪村

◎怠りし返事かく日や弥生尽　高井几董《きとう》

漢字の読みの正解率 29%

三寒四温

さんかんしおん

「三寒四温」が冬の季語ということはご存じでしょうか。3日間ほど寒い日が続き、次の4日間くらい暖かい日が続くのが繰り返されることをいいます。春の足音を感じさせる言葉ですが、本来は冬の天候を表現しており、気象庁のホームページの用語解説でも三寒四温は「冬」となっています。

では、立春を過ぎて間もない時期に使うのは不適切なのでしょうか。実は、そうとは限りません。気象庁の用語解説では「冬」は12月から2月までとあります。立春以降「暦の上では春」ではあっても、気象庁の分類などでは2月中は冬なのです。

ただし、3月以降はどうでしょうか。いくら厳寒になっても「真冬」ではなく「真冬並み」とされます。同様に、3月以降は体感的に「三寒四温」だと思っても、本来は冬に使う言葉ですから避けるべきでしょう。

お内裏様

おだいりさま

サトウハチロー作詞の童謡「うれしいひなまつり」の2番は、「お内裏様とおひな様」で始まります。

よく知られた歌詞ですが、実はこの使い方は間違いとされています。というのも、内裏びなというのは天皇、皇后をかたどったといわれるひな人形そのものです。この歌詞の「お内裏様」は男性の人形のみを指しているため、不適切というわけですね。「内裏」という言葉は「皇居」、つまり天皇の御殿を意味します。転じて、天皇その人も表したと『日本国語大辞典』にあります。だとすれば「内裏びな」が天皇をかたどる男《お》びなという解釈もありそうですが、『大辞泉』は【内裏雛】の項で「男性の人形のみを指して『内裏』『お内裏様』と呼ぶのは誤り」と、明確に否定しています。

そうすると、男びなに様を付けていう場合は「おびなさま」となるのでしょうか。あまり聞かないですし、「おひなさま」と紛らわしいですね。「男のおひなさま」くらいが適切でしょうか。みなさんは、どう呼びますか？

3月の暦

1〜14日 【修二会《しゅにえ》】

旧暦2月の初め、寺で行われる法要。東大寺二月堂の「お水取り」が有名。3月1日から2週間行われ、12日の「籠松明《かごたいまつ》」がクライマックス。

3日 【ひなまつり】

6日ごろ 【啓蟄《けいちつ》】

20日ごろ 【春分《しゅんぶん》の日《ひ》】

4月

紋白蝶

〔もんしろちょう〕

チョウの異名は「夢虫」。中国の古典『荘子』にある「胡《こ》蝶《ちょう》の夢」からきた語だが、うららかな春の日に舞うのは紋白蝶がふさわしい。

おぼろよ

朧夜

月がほのかにかすんで見える夜。

朧は「月の光がかすかにあるさま」を表す字で、「朧夜《おぼろよ》」は音読みでは「ろうや」とされます。しかし実際にはほとんど訓読みです。

「おぼろ」といえば唱歌「朧月夜《おぼろづきよ》」で知られています。古い唱歌というのは今では意味が分からない語句も多いものですが、この1914（大正3）年発表の高野辰之の歌詞は平易で、日本の原風景が目に浮かびます。

菜の花畑に　入り日薄れ
見わたす山の端　霞《かすみ》ふかし
春風そよふく　空を見れば

夕月かかりて　におい淡し

歳時記でも「朧月夜」は掲げられているのですが、実際の句例は「朧夜」が圧倒的に多いようです。字数の関係でしょうか。

また「おぼろ」は、おぼろ豆腐、おぼろ昆布など料理の語でも使われます。この使い方は本来は、すしの用語だったそうで、「でんぶ」と同じ意味だったようです。

例

◎朧夜の伊達《だて》にともしぬ小提灯《こぢやうちん》　高浜虚子

◎朧夜に呼んで猫の名桃太郎　篠田たけし

漢字の読みの正解率

71%

ちくばのとも

竹馬の友

幼い頃に一緒に遊んだ友達。

年度替わりの春は、友達との出会いや別れがあります。「竹馬《ちくば》の友《とも》」はそんな季節にぴったりの言葉です。

『岩波ことわざ辞典』（時田昌瑞著）の索引で「友」を引いてみると「賢い人には友がない」、「友と酒は古いほどいい」（西洋発のことわざらしい）、「人は善悪の友による」「類は友を呼ぶ」くらいしか見つかりません。

これに対し『成語大辞苑』（主婦と生活社）が「中国文学の特徴は恋愛文学にかわる友情の文学にあるといえる」と述べるように、中国発の故事成語には友情に関するものがたくさんあります。「刎頸《ふんけい》の友」「杵臼《しょきゅう》の交わり」「管鮑《かんぽう》の交わり」「断金の交わり」「金石の交わり」「金蘭《きんらん》の契り」……『論語』の「朋《とも》有り遠方より来たる、また楽しからずや」も有名ですね。

ただ「竹馬の友」の本来の意味は単なる「幼友達」と違うようです。『広辞苑』にはこうあります。『晋書』殷浩伝より「**桓温が不仲の殷浩と並び称されることを不満に思い、幼時には殷浩は自分の捨てた竹馬で遊んでいたと、自分の優位を吹聴した故事から**」。自分より劣っていると周囲に理解させるためにこんなことを言う人は、「友」とはいえませんね。

例

◎大学の入学式で小学生のころ別れたきりだった**竹馬の友**に再会した。

漢字の読みの正解率
94%

そうばなてき

総花的

要点を絞らずにすべての項目を並べたもの。

あるアナウンサーは、「総花的《そうばなてき》」の読みを「そうかてき」と思っていたそうです。スタッフに「『そうかてき』、俗には『そうばなてき』とも読むけど」と言ってしまってから辞書を引き、「そうばなてき」が正しいことに気付いたということです。

「そうかてき、俗には『そうばなてき』」という理解は、察するに①総花《そうばな》が重箱読みなので、正しい読みを知らないと「総花＝そうか」と思い込む②そのうえで「そうか」だと別の語と間違えられやすいので、あえて「そうばな」という俗称が使われている、と思い込む——という二重の誤解があるように思います。

しかし、「総花」の花は咲く花ではなく「感謝のしるし」「祝儀」の意味です。漢語にはその意味はないようですので、ハナから日本語であり、「はな」と読まなければ意味をなさないのです。

この言葉はもともと「料理屋などで客が店の全員に配る心づけ」のことでした。**それが今「関係者すべてに利益をもたらすやり方」という意味に変わっています。**こう書くと結構なことのようですが、あまりいい意味では用いられません。あらゆる方面に都合がよい方針は、結果的に成果が少ないことになりかねないからです。

新年度に総花的な目標を立てるのは必ずしも悪くありませんが、短期的には「選択と集中」が求められるように思います。

例

◎あの演説は**総花的**で、結局何がしたいのか分からない。

漢字の読みの正解率

54%

愚公山を移す

ぐこうやまをうつす

ひたすら頑張れば、どんな難事も実現するという格言。

「愚公山《ぐこうやま》を移《うつ》す」の出典は、中国の古典『列子《れっし》』です。「愚行」の誤字に注意しなければなりません。

愚公という90歳の老人が、邪魔な山を平らにしようと少しずつ土を移動させていました。隣人にばかにされても「子孫の代には成し遂げられる」と気にしません。その努力が神に認められ、山が移されたという故事です。

少しずつでも続けていれば、素晴らしい成果につながるという教訓ですね。新年度に、会社の社長や学校の先生、スポーツの指導者などが、普段の努力の大切さを教えるのにいい言葉です。

それはともかく、この故事で連想するのは「愚直」という言葉です。愚公という人も愚直に困難な作業に取り組んだことが報われたわけで、「愚」という漢字がマイナスイメージからプラスのイメージに転化しているのです。

「愚直」も本来「ばか正直」ということですから、いい意味で使う言葉ではなかったはずです。でも最近は、例えば「愚直なまでにこつこつと同じ作業を繰り返した努力が花開いた」などと、褒め言葉で使う場合が増えてきました。

しかし自分たちについて使うのはともかく、他人を評するのに「愚直」の字は避けた方がよいと思います。他にもいろいろいい言葉はあります。それこそ、この「愚公山を移す」のように。

例

◎「愚公山を移す」の故事の通り、地道に活動を続けていればいつかは実を結ぶ。

漢字の読みの正解率

69%

つづみぐさ

鼓草

タンポポの別名。

「鼓草《つづみぐさ》」は春の季語です。タンポポの名の由来の一つに、鼓の音「タン・ポポ」、あるいは鼓を意味する小児語との説があります。

柳田国男『野草雑記・野鳥雑記』（岩波文庫）には「**タンポポはもと鼓を意味する小児語であった**」とあり、**異説はあるものの命名の動機はまさしくあの音の写生にあった。タンポポの有力な語源説となっているようです。**

なぜ鼓なのか。昔の子供には、「タンポポの茎を折って両方を少し割り、それを水の中に入れて、その外皮の円《まる》く反りかえるのを見ている遊び」があったそうで、その形が、鼓のようだったということです。「紙やセルロイドの色々の玩具で育てられた人は殆《ほとん》と想像も出来ぬ話であるが、以前の子供は春の立ち帰るを待ち兼ねて、こうして銘々の遊戯材料を求めたのであった」

いまや紙やセルロイドのおもちゃもコンピューターゲームに取って代わり、タンポポの茎を加工する遊びなんて誰もやっていないでしょうから、実感に乏しいですね。しかし野原ではなく、人工的に造られた狭い公園や道端にもタンポポは咲きます。それを喜んで摘む子供の姿も、きっと不変でしょう。

例

◎七草にあはで盛りや鼓草　何処《かしょ》

◎爆ぜさうな赤子の頰や鼓草　斎藤佳織

漢字の読みの正解率
63%

しゅんぷうたいとう

春風駘蕩

春風が穏やかに吹く様子。

「春風駘蕩《しゅんぷうたいとう》」を季語として載せる歳時記は、調べた範囲では見当たりません。「春風」や「春の風」は当然あるのですが。推測するに、俳句などで春風あるいは春の風といえばそよそよ吹くものと決まっているので「春風駘蕩」とする必要がないのでしょう。実際は穏やかなものとは限らず、突風や暴風も多いのですが、それらを詠む際には「春嵐《はるあらし》」「春疾風《はるはやて》」という季語があります。

それに、**春の気分を表す季語には、堅い感じのする漢語よりも「うららか」「のどか」などの和語の方がふさわしいかもしれません。**

ただ、「春風駘蕩」には漢語に多い「かっちり感」があまりありません。「駘」には「のろい馬」、「蕩」には「ゆらゆらと揺り動かす」「とろける」などの意味があります。

ゆっくりと馬車に揺られ、なんだか体がとろけるような気分になるのと「春風」がベストマッチした四字熟語といえます。手あかにまみれた言葉でいえば「癒やし系」の四字熟語でしょう。

なお、この言葉は人の性格の形容にも用いられます。誰がそういう形容の人としてふさわしいか、それぞれ思い浮かべるのも楽しいでしょう。俳優でいえば、映画「東京物語」などの笠《りゅう》智《ち》衆《しゅう》さんが当たると個人的に思っています。

例

◎春風駘蕩として、気持ちの良い季節になりました。

◎慌てず、怒らず、春風駘蕩とした人柄になりたい。

漢字の読みの正解率 95%

こうせいおそるべし

後生畏るべし

若い人は後にどう伸びるか分からないので、おそれるべきだということ。

「後生畏《こうせいおそ》るべし」の後生とは後から生まれてきた人のことで、後輩などを指します。同じ読みの「後世」だと後の時代という別の意味になるため、注意が必要です。

「後生畏るべし」は「今は若輩者でも将来どんなに成長するか分からないので侮ってはならない」という格言で、『論語』にある言葉です。「自分もうかうかしてはいられない」という自戒のニュアンスもあります。

「畏」の字は「畏怖」の「イ」の音読み、「おそ（れ）」の訓読みで2010年改定の常用漢字に入りました。「恐れ」との使い分けが難しいのですが、一般的に「畏れ」は「圧倒的な存在に厳粛さを感じる場合には、《畏》を使う」（円満字二郎著『漢字の使い分けときあかし辞典』）とされています。ですから、「神をおそれる」などは「畏怖」の「畏」が適切です。

ちなみに、校正の仕事について「校正おそるべし」という、「後生畏るべし」をもじった文言があります。これは「自分が校正ミスをすることで文章が台なしになることの恐れを抱け」という気持ちの言葉ですから、漢字なら「恐るべし」でしょう。

例

◎新米だからってばかにしているとすぐに追い越されるよ、**後生畏るべし**だ。

◎将棋の藤井聡太さんの活躍で「**後生畏るべし**」という言葉を思い出した。

漢字の読みの正解率 79%

春宵

しゅんしょう

春の宵。

「春宵《しゅんしょう》」が使われた句「春宵一刻直千金《あたい》」は、中国・北宋の蘇軾《そしょく》の詩「春夜」の冒頭にある一句です。

蘇軾は別名を蘇東坡《そとうば》といい、「春夜」は、この冒頭が引用されることが多いのですが、「春宵一刻値千金」「春宵一刻直千金」「春宵一刻価千金」と、辞書によって表記はさまざまです。

これほど「あたい」の表記が違っているのはどういうことでしょう。『中国名詩選』（岩波文庫）には「直」で載っていますが、同社の別の本「中国詩人選集」シリーズの一冊『蘇軾　下』を見ると「春宵一刻値千金」となっているではありませんか。

岩波文庫によると、この詩は「蘇軾の元の詩集には収められていない」ということなので、写本によってさまざまな表記があるのかもしれません。

なお**「宵のうち」は気象庁では現在使わず、「夜のはじめごろ」で午後6〜9時ごろとしています。**一般的にはまだ使われている「宵のうち」ですが、「毎日ことば」で「春宵」を出題すると、36%が読みを間違えていました。音読みはそれほど知られていないことが、漢字の読みの正解率からうかがえますね。

例

◎春宵の此一刻を惜むべし　高浜虚子

◎春宵の風はどこかなまめかしい。

漢字の読みの正解率 64%

ひなが

日永

春になり、日の出ている時間が長くなること。

「日永《ひなが》」を逆さにすると「永日《えいじつ》」となり、ともに春の季語です。「日長」と書いても間違いではないのですが、季語では「日永」の表記が好まれるようです。

対して、秋の「夜長」はなぜか「長」が使われます。考えてみると不思議ですが、順序が逆の漢語を思い浮かべると納得できるかもしれません。

「夜長」を逆にした「長夜《ちょうや》」は小型の国語辞典にも載っています。「永日」もあります。しかし「永夜」は大きめの辞書でないと見当たりませんし、「長日《ちょうじつ》」も、『広辞苑』クラスでないと載せていません。

「永夜」「長日」の言葉自体はあるけれど、あまり使われないということでしょう。

このような漢字の組み合わせのなじみ加減から、訓読みでも「日永」「夜長」の書き分けが定着していったのではないでしょうか。

ちなみに、一日中という意味の「**日がな一日**」という言い回しがありますが、これを「ひながいちにち」と誤解している人が多いようです。インターネット上でも、ブログなどでよく見かけます。みなさんご注意くださいね。

例

◎うら門のひとりでにあく日永かな　小林一茶

◎永き日の餓ゑさへも生《せい》いくさなすな　中村草田男

漢字の読みの正解率

78%

しょこう

曙光

夜明けの光。

「曙光《しょこう》」には比喩として「物事の前途に見え始めた明るい兆し」という意味もあります。

春といえば『枕草子』の冒頭「春はあけぼの。やうやうしろくなり行く」が有名ですね。その「あけぼの」の漢字が「曙」です。横綱のしこ名として記憶にある方も多いでしょう。しかし、音読みはあまり耳にしないかもしれません。

ところで「早朝」とは、いつごろのことをいうのでしょう。気象庁のホームページによると「一般の人が活動を始める前。季節、地域にもよるが『夜明け』からおよそ1~2時間」とあります。また「夜明け」は、「日の出の前の空が薄明るくなる頃」

ということです。ちなみに「あけぼの」「暁《あかつき》」は気象用語にはないようです。

となると「あけぼの」と「暁」では、どちらが早いか気になりませんか？

『広辞苑』の「あかつき」の①には「夜を三つに分けた第三番目」「現在では、やや明るくなってからを指すが、古くは、暗いうち、夜が明けようとする時」とあります。『大辞林』の「あけぼの」は「**夜がほのぼのと明ける頃。夜空がほのかに明るんでくる頃。暁の終わり頃**」とあるので、「暁」の方が早いのですね。

例
◎徹夜して東の空に曙光が現れるまで頑張った。
◎手詰まりとされた問題の解決に曙光が見え始めた。

漢字の読みの正解率 50%

はなむけの言葉

はなむけのことば

学校や会社などに新たに入ってきた人に「はなむけの言葉を贈る」という表現はふさわしくありません。

はなむけは、漢字で「贐」とも「餞」とも書きます。おや、「花向け」じゃないの？　と思う方もいらっしゃるかもしれませんが、実は「花向けの言葉」は誤字です。「はなむけ」とは、馬の鼻を旅立つ方向に向けて安全を祈ったという昔の風習に基づく言葉です。そこから「旅立つ人へ惜別や激励の気持ちを込めて贈る金品や言葉」という意味が生まれたのです。

つまり、「はなむけ」の漢字の一つ「餞」が「餞別《せんべつ》」の餞でもあるように、この言葉は別れる人に向けるものなので、卒業式で使うのはよくても、新入生や新入社員相手に使うのは不適当なのです。

「贐」も「餞」も難しいので、普通は平仮名で書きます。語源的には正しいような気もしますが、「鼻向け」という表記もされません。たとえ平仮名で書くとしても、言葉の意味は十分に理解していたいものですね。

新規まき直し

しんきまきなおし

4月の年度替わりには、新しくやり直す意味の「新規まき直し」という言葉がよく使われます。

この「まき」ですが、「巻き返し」の「巻」と誤解されているのでしょうか。「巻き」と誤記されることが非常に多いのですが、正しくは「蒔き」と書きます。「種を蒔く」の「蒔」ですね。

「蒔く」は新聞では「まく」と仮名書きにしています。「蒔」が常用漢字ではないことが大きな理由ですが、「種をまく」は「蒔く」か「播く」かという選択の必要がなくなるわけですから、新聞記事の文章としては合理的なのです。「蒔く」は「播く」との違いがほとんどないといってもいいのですが、「巻く」とは明らかに違います。ですから「新規まき直し」という場合に「巻き」と書くと誤字とみなされてしまいます。

ちなみに、「年度替わりで心気一転」という誤字もインターネットなどで多く見かけます。正しくは「心機一転」ですので、気をつけてくださいね。

4月の暦

1日 【エープリルフール】

8日 【灌仏会《かんぶつえ》】

4月8日とされる釈迦《しゃか》の誕生日を祝し、寺で小さな釈迦像の上から参詣人が甘茶を注ぐ行事。仏生会《ぶっしょうえ》、花祭りともいう。

29日 【昭和《しょうわ》の日《ひ》】

29日～5月5日 【有田陶器市《ありたとうきいち》】

5月

時鳥

［ほととぎす］

「不如帰」「子規」など多くの異表記や、「卯月鳥《うづきどり》」などの異称がある。鳴き声を「テッペンカケタカ」「特許許可局」と聞きなす。

さつき

皐月

旧暦の5月の別称。

「皐月《さつき》」は「こうげつ」とも読みます。

「さつき」を「早苗月」の略とする説が有力ですが、国語学者の金田一春彦さんは「サツキは『田の神の月』の意味に違いない」と『ことばの歳時記』（新潮文庫）であっさり否定します。いずれにしても、稲作と関係ある語源であることは共通します。

一方、漢字の「皐」の成り立ちを漢和辞典でみると、一説に、風雨にさらされている動物の死体を表す象形文字だったとあります。**骨が白いことから「白くかがやく」意味に、さらに水面が輝く沼などを表すようになったということです。**すがすがしい5月ですが、漢字の源泉をたどると、実に意外なイメージにたどりつくのですね。

ところで、「五月晴れ《さつき》」という言葉は有名です。しかし、昔と今とで意味が変わっていることをご存じでしょうか。

今では5月の薫風が吹く晴れた気象を表しますが、本来の「五月晴れ」は梅雨の晴れ間を指しました。なぜなら、旧暦の五月は今の梅雨の季節に当たるからです。

なお、競馬の「皐月賞」は今は毎年4月にありますが、この名称になったときは5月に行われていたそうです。

例

◎風薫る皐月、新緑の季節を思う存分楽しみたい。

漢字の読みの正解率 88%

うのはなくたし

卯の花腐し

卯の花を腐らす長雨のこと。

「卯《う》の花腐《はなくた》し」は「うのはなくだし」とも読み、夏の季語になっています。「**卯の花」は初夏に咲くウツギの花です**。木の幹に空洞ができることから空木の名がありますが、卯の花の方が有名でしょう。ウツギには「卯つ木」という表記もあります。

卯の花は1896年発表の唱歌「夏は来《き》ぬ」のはじめに歌われます。1番の歌詞を引用しましょう。作詞者は歌人の佐佐木信綱です。

うの花のにおう垣根に
時鳥《ほととぎす》早もきなきて
忍音《しのびね》もらす

夏は来ぬ

さすがは歌人。最後以外、五七五七七になっています。ちなみに、ここでの「におう」は「色が輝いて美しい」という意味です。

卯の花の卯は、卯月（旧暦4月）の卯ですね。

また、卯の花といえば食品の「おから」のことと思う人も多いでしょう。これは豆腐の搾りかすをウツギの花の白さに見立てたもの、ということです。

例

◎梅雨にはまだ早いはずですが、**卯の花腐し**と呼ばれる長雨が続いています。

漢字の読みの正解率

36%

万緑叢中紅一点

ばんりょくそうちゅうこういってん

見渡す限り緑の草むらの中に、赤い花が一つあること。

「万緑叢中紅一点《ばんりょくそうちゅうこういってん》」は、もとは中国・宋の王安石《おうあんせき》の詩「詠石榴《ざくろをえいず》」の一節だったとされます。日本では、明治以降に「同じものがたくさんある中で、1カ所だけ特に目立つもの」という意味で用いられるようになりました。

ここから取った「万緑」を、中村草田男《くさたお》は季語として定着させました。有名な「万緑の中や吾子《あこ》の歯生え初むる」の句からです。

一方、紅の字の連想からか、多くの男性の中に女性がただ一人いるとの意に転じ、今では「紅一点」と略して使われています。

ところで「緑の中の赤」が識別できるのは、当たり前だと思っていませんか。しかし、人間の見え方は一律ではありません。2017年、日本遺伝学会は「色覚異常」「色盲」という用語について、科学的に中立な「色覚多様性」という表現を採用しました。

すばらしい決定ですが、個人の見え方について「私は色覚多様性です」というのは日本語として少し変ですよね……。さらなる検討が必要かもしれません。

「紅一点」に話を戻すと、そもそも男性中心社会で女性が目立つこと自体が不平等ともいえます。社会の仕組みが変われば、いつしか「紅一点」という言葉もなくなることでしょう。

例

◎万緑叢中紅一点という言葉通り、彼女の存在は男性社会の中で際立っていた。

漢字の読みの正解率

67%

ごよのおんたから

御代の御宝

子供が打撲で痛がっているときなどに、なでさすりながら「ちちんぷいぷい」に続いて唱える呪文。

「御代《ごよ》の御宝《おんたから》」の「御代」は「御世」とも書き、「御宝」は「おたから」ともいいます。

一説には、「知仁武勇は御代の御宝」の前半が変化し「ちちんぷいぷい」になったとも。江戸幕府三代将軍、徳川家光の乳母である春日局《かすがのつぼね》が、子供のころの家光をあやすときに使った言葉だともいいますが、確かな証拠はないようです。

今「ちちんぷいぷい」に続けて子供をなだめる言葉といえば、「痛いの痛いの飛んでいけー」ですよね。「御代の御宝」は、もはや死語かもしれません。

ちなみに大阪では「ちちんぷいぷい」の代わりに「チンコノマジナイ、チンコノマジナイ」というところがある（あった？）そうです。大阪ことば学者の故・牧村史陽さんによると、家を新築して移転するとき、鎮宅霊符というまじない札を中国の神である鎮宅霊神から受けたのだそうで、その鎮宅がチンコとなり、お札を受ける代わりにその名を唱えるようになったとか（1991年毎日新聞大阪本社版「憂楽帳」より）。

今も昔も、子は宝。どんな呪文であろうと、子供を思う気持ちにあふれています。

例

◎5月5日の端午の節句には、立派な武者人形がなくても「御代の御宝」と唱えてスキンシップを取ってはいかがでしょう。

漢字の読みの正解率
20%

うつぼつ

鬱勃

意気が盛んにわき起こること。

「鬱勃《うつぼつ》」の「鬱」も「勃」も、２０１０年に常用漢字入りしました。「鬱」は総画数29で、常用漢字中最多の画数になります。手で書くには、いささか「鬱陶しい」かもしれません。

「勃」は「勃興」に使われ、パワーを感じる字です。一方、「鬱」は「憂鬱」「鬱積」「鬱血」などで知られます。**一見、調子がいいときには使われない「憂鬱」な言葉ばかりですが、この字は木々が茂るさまも表しています。**「鬱蒼《うっそう》」の例がそうですね。

また、植物や薬の名前で知られるウコンも、漢字にすると鬱金です。そう、マイナスイメージだけの漢字ではないのです。

「鬱」の字は、もともと「香りが立ち込める」という意味でした。そこから「木が生い茂ってあたりをふさぐ」という意味になったのです（円満字二郎著『部首ときあかし辞典』）。

まるでダジャレのようですが、「木がふさぐ」と「気がふさぐ」は同音ですね。

五月病で鬱気味になる人も多いかもしれません。でも、香りが内にこもっているだけで、やがて「鬱勃」に向かうと思えば、少しは気が楽になるのではないでしょうか。「鬱勃」という言葉には、五月病など吹き飛ばすパワーがあふれているのですから。

例

◎初夏を迎えた木々のように、**鬱勃**と闘志が湧いてきた。

漢字の読みの正解率

56%

焼け野の雉子

やけののきぎす

子供に対する親の愛情の深さを表すことわざ。

キジの母親は、火事のとき身の危険も顧みずひなを守るということから、「焼け野《やの》の雉子《きぎす》」という言葉が生まれました。

「雉子」とはキジの古語で、キギは鳴き声に由来するようです。都会では野生のキジを見る機会はほぼなくなりましたが、昔から日本になじみ深い鳥であることは、桃太郎のお供に加わったことからもうかがえますね。

何より、キジは日本の国鳥です。春の季語にもなっています。

ことわざや慣用句にも多く出てくるキジですが、無用の発言による被害を表す「キジも鳴かずば撃たれまい」に比べて、「焼け野の雉子」はあまり知られていないようです。使われなかったがゆえに、古語のまま残ったのかもしれません。

そもそも、キジはわが身を犠牲にしてもひなを助けるというのは本当なのでしょうか。『岩波ことわざ辞典』（時田昌瑞著）によると「実話がいくつも報告されてきたので、事実に基づく表現であったと言える」ということです。

5月には、こどもの日、母の日、愛鳥週間と、親子の絆を確認するイベントがたくさんあります。この言葉を使って、ぜひとも絆を深めていただければと思います。

例

◎焼け野の雉子という通り、親は子のためならどんな苦労だってするものだ。

漢字の読みの正解率

44%

麝香撫子

じゃこうなでしこ

カーネーションの別名。

カーネーションはナデシコ科の花で、よい香りがするため別名を「麝香撫子《じゃこうなでしこ》」と言います。麝香とは、ジャコウジカの雄の下腹部から得られる香料のことです。

さて、カーネーションといえば母の日です。1914年、米政府は5月の第2日曜日を母の日に制定しました。米国人のアンナ・ジャービスという女性が、亡き母の追悼に白いカーネーションを教会で配ったことが、母の日の習慣に発展したようです。

筆者が小学生のころ、母の日に「お母さんに赤いカーネーションを贈りましょう。お母さんのいない子は白いカーネーションを」という呼びかけがあったと記憶します。母のいない子供の心を傷つけるものだと、当時問題になりました。確かに無神経ですが、白いカーネーションには歴史的ないわれがあったのですね。

ナデシコの語源は、なでいつくしむ子供のようにかわいい花であることから。全くの偶然ではありますが、そのように育てられた子供が母にナデシコ科のカーネーションを贈るという返礼も、こうしてみるとすてきな習慣ではないでしょうか。

例

◎**麝香撫子**というくらいだから、贈り物のカーネーションには香りの良いものを選びたい。

漢字の読みの正解率 87%

はんぽ

反哺

親に恩を返すこと。

「哺」は「口で食べ物を包み込む」という意味の漢字で、「哺乳類」や「哺乳瓶」などの言葉で用いられます。対して、この「反哺《はんぽ》」**は親に口移しで食べ物を与えるさまを表しています。**

「烏《からす》に反哺の孝あり」という中国の言葉に由来し、「カラスは年老いた親に餌を口移しで与えるといわれるが、ましてや人間は……」という礼儀と孝行を説いた言葉です。カラスが実際にそうするわけではないようですが、人間がびっくりするほど知恵が働くことはよく知られていますね。そこから、カラスを模範とする発想が生まれたのかもしれません。

「鳥に反哺の孝あり」と対になる句に「鳩《はと》に三枝《さんし》の礼あり」というものがあります。ハトの子は親のとまった枝より三つ下の枝にとまるという意味です。これも、身近な鳥を題材に親子の礼儀を説いた言葉でしょう。

親が年老いて寝たきりになるなど、実際に子が食べ物を親の口に運ぶようになるとき、「反哺」という言葉を、身をもって感じるに違いありません。

例

◎実際に口に食べ物を含んで親に与えるわけではないにしても、**反哺**の孝の教えは忘れないようにしたい。

漢字の読みの正解率 52%

いぬもほうばいたかもほうばい

犬も傍輩鷹も傍輩

地位や役割が違っても、同じ主人に仕える者同士には変わりないということわざ。

「犬《いぬ》も傍輩《ほうばい》鷹《たか》も傍輩《ほうばい》」の「傍輩」とは、主人や師が同じの仲間、または会社の同僚のことです。

例えば、鷹狩りで犬は獲物の追い立て役、タカが捕獲役という違いがありますが、ともに同じ主人のために働く同僚に変わりないですよね。

ところが、犬の役割はタカに劣らず重要にもかかわらず、タカにばかり称賛が向けられてしまう。「犬も傍輩鷹も傍輩」は「**そんな場面で、下の立場の者を慰める意味合いでも用いられる**」と時田昌瑞著『岩波ことわざ辞典』にあります。

筆者のパソコンでは「傍輩」は変換候補になく「朋輩」しか出ません。また、ことわざとしても辞書などでは「朋輩」の表記の方が多いようです。しかし「朋」は当て字です。「朋《とも》有り遠方より来たる、また楽しからずや」(『論語』)で使われる「朋」と違い、あくまで同じ主人の傍らにいる単なる同僚にすぎないということでしょうか。

それを示すかのようなことわざが「傍輩笑み敵《がたき》」です。「同僚同士は見かけは仲がよいようにほほえみあっていても、内心はねたみあっているもの」という意味合いです。

もちろん、そんな人ばかりだとは言いませんが、「あいつはあいつ、自分は自分。犬も傍輩鷹も傍輩」と唱えてみるのもいいかもしれませんね。

例

◎犬も傍輩鷹も傍輩といって、同じ勤め人同士に違いはないのですよ。

漢字の読みの正解率

33%

こどもの日

こどものひ

5月5日といえば、国民の祝日「こどもの日」ですね。「子どもの日」「子供の日」と誤記されることもありますが、祝日法の表記は「こどもの日」です。

祝日のほか、幼稚園・保育園一体型の施設「認定こども園」は「こども」の表記です。一方「子どもの貧困対策の推進に関する法律」「子ども・子育て支援法」など法律名では「子ども」という表記が多いようです。また、常用漢字表では「子供」の例が掲げられています。

そもそも「子供」というのは当て字なのです。古くは「親譲りの無鉄砲で小供の時から損ばかりしている」と夏目漱石『坊っちゃん』に記されているように、「小供」という表記もよくありました。

つまり、どれが正しいという正解がないのです。文部科学省は省内文書で「子供」に統一したそうですが、そうしたところで法律名や「こどもの日」の表記は変えられませんので、やはり完全に統一するわけにはいかないでしょう。

ハナショウブ・ショウブ・アヤメ

「こどもの日」にはショウブの葉を湯船に入れる「菖蒲《しょうぶ》湯《ゆ》」の風習があります。菖蒲の字はアヤメとも読みますが、実は、ショウブとアヤメは別の植物なのです。

古くからアヤメ科のハナショウブと混同されていますが、ショウブはサトイモ科の多年草です。ショウブには魔よけの力があると信じられ、日本で端午の節句に風呂に入れる風習が生まれました。菖蒲湯は「あやめの湯」ともいわれますが、湯に入れる葉はアヤメ科のハナショウブではなく、サトイモ科のショウブです。

ハナショウブと似た花にカキツバタがあります。見分け方は難しいのですが、両者とアヤメとの違いは比較的簡単かもしれません。まず、アヤメが畑や草原など比較的乾燥した地に生えるのに対し、ハナショウブ、カキツバタは主に湿地に生えます。開花はアヤメが最も早く、5月に咲いている所も少なくありません。カキツバタはハナショウブより少し前に開花し、外側の花びらに白い線が入るのが一般的な特徴です。

5月の暦

2日ごろ 【八十八夜《はちじゅうはちや》】

3日 【憲法記念日《けんぽうきねんび》】

3、4日 【博多《はかた》どんたく】

5月3、4日に福岡市で行われる年中行事。ドンタクはオランダ語の安息日から。半ドンのドンもそうだが、土曜日が全日休みになって死語に近い。

4日 【みどりの日】

5日 【こどもの日】

5日ごろ 【立夏《りっか》】

第2日曜日 【母《はは》の日《ひ》】

6月

蛙

［かえる］

「かわず」ともいう。「井の中の蛙大海を知らず」は「かわず」。もとは『荘子』の「井蛙《せいあ》は以《もっ》て海を語るべからず」。

なつごろも

夏衣

夏の衣服のこと。

「夏衣《なつごろも》」とは、主に夏の和服を指します。

さて、「夏衣」も「夏服」も、ともに夏の季語になっています。ただし『角川俳句大歳時記』によると、主に夏衣は和服、夏服は洋服を指し、句作では区別した方がよいとされています。また、夏衣は「なつぎぬ」とも読みます。

夏と衣といえば「春過ぎて夏来たるらし白たへの衣干したり天の香具山」という『万葉集』の持統天皇の歌を連想される方も多いでしょう。夏衣は「うすし」などにかかる枕ことばでもあるのです。

クールビズの影響で前倒しされることも増えましたが、今でも6月1日を境に夏服への「衣替え」をする学校や職場が多いのではないでしょうか。

この衣替え、俳句では「更衣」と書いて「ころもがえ」と読ませるのが決まりです。『ころもがえ』は現代俳句でも、『更衣』と書き、『衣更』と書いてはならない」と『大歳時記』（集英社）にあります。

衣替えは当然、秋にも行われますが、「更衣《ころもがえ》」は夏のみの季語です。秋にも「後《のち》の更衣」という季語があるのですが、こちらはあまり知られていないようです。

例

◎衣替えの季節。たまには和服の夏衣で涼やかに装ってはいかがでしょう。

漢字の読みの正解率
63%

かたびら

帷子

麻や絹などで作った夏の和服。

「帷子《かたびら》」は裏地を付けない衣服であることから「片ひら」を意味し、風通しがよく、夏の季語となっています。**和服に縁のない人でも「浴衣」の語源と知れば、ぐっとなじみ深く感じられるのではないでしょうか。**浴衣は「湯帷子」を縮めた語です。湯帷子は入浴時、あるいは入浴後に着る帷子のことをいい、江戸時代に入浴に関係なくユカタと言うようになったそうです（講談社『暮らしのことば語源辞典』）。

ところで、帷子には部屋を仕切る薄い垂れ布という意味もあります。カーテンのようなものですね。主に「とばり」として用いられます。とばりは「夜のとばりが降りる」という比喩でよく使われますが、漢字では「帳」「帷」の表記があります。

また、経帷子《きょうかたびら》の略語でもあり、葬式で死者に着せるあの白い着物も「帷子」です。

さらに、複数の辞書では「帷子」の意味の一つとして「夏用の麻の小袖。薩摩上布・越後上布などが用いられた」と説明しています。ところが今は「薩摩上布」とはいわなくなっているそうです。江戸時代、薩摩は琉球（沖縄）を支配しており、税として宮古島、八重山で作った上布を薩摩上布として売っていたためです。本来であれば「宮古上布」「八重山上布」など、製造した土地の地名を付けるべきなのではと思います。

例

◎帷子を真四角にぞきたりける　小林一茶

漢字の読みの正解率

88%

雨催い

あめもよい

雨が降りそうな様子。

「雨模様」の元の形とされているのが「雨催《あめもよ》い」で、「あまもよい」とも読みます。

この「もよい」は「名詞の下につけて、そうなる気配が濃いさまを表す。きざし」（大辞林）という意味です。**ですから雨催いも、雨が降りそうだけどまだ降ってはいない天気を指すのです。**

ところが「雨模様」となると、本来の意味と違って、雨が降っている様子と解釈している人が多いようです。２０１０年度の文化庁「国語に関する世論調査」によれば、本来の意味とされる「雨が降りそうな様子」を選んだ人が43・３%。「小雨が降ったりやんだりしている様子」を選んだ人が47・５%。その差４・２ポイントと、小差ながら、本来の意味とは違う解釈が上回る結果となりました。

これは「模様」という言葉に、装飾などはっきり目に見える物を表すイメージがあるからかもしれません。

しかし模様には「雨になる模様です」のように予測される状態を表す言い方もあります。「雨模様」は本来そういう意味合いで使われていました。

降り続く雨に「あいにくの雨模様で」という決まり文句は、間違いなのです。

例

◎雨催いの黒雲が垂れこめているので、外出を控えた。

漢字の読みの正解率

65%

つばなながし

茅花流し

チガヤ（茅）の穂に吹く南風、また、それに伴い降る雨。

「茅花流し《つばなながし》」の「流し」は梅雨の前後に吹く湿った南風を表しています。その表現の美しさは『角川俳句大歳時記』の解説で「**梅雨の先触れとなる季節風に『茅花流し』と名づけたのは絶妙の美意識である**」と評されるほどです。

ただし、九州などでは茅花流しを梅雨そのものとする地域もあるそうです。

茅花流しの「茅」は神奈川県「茅ケ崎市」の「ち」、東京都の「茅場町」の「かや」など、地名でもおなじみですね。しかし、茅花の「つ」という読みはなじみが薄いことが、漢字の読みの正解率の低さからうかがえます。

ツバナはチガヤ（茅）の銀白色の花穂《かすい》のことです。ススキにも似た、美しい穂の部分です。ツバナの「ツ」は「チ」の変化したものと考えられており、『枕草子』にも「道芝、いとをかし。茅花《つばな》もをかし」と出てきます。ただし「ちばな」と読んでも間違いではありません。

また、チガヤの伸び出したばかりの若い花穂を、昔は子供が食べていたそうです。かすかに甘くて、「自然のチューインガム」と言う人もいるようですよ。

例

◎ツバナの銀の穂をぎらりとなびかせる南風「**茅花流し**」から、梅雨の季節の到来を感じます。

漢字の読みの正解率

28%

黄梅の雨

こうばいのあめ

梅の実が黄色に熟するころ、梅雨に降る雨。

「黄梅《こうばい》の雨《あめ》」を「梅雨」の別称とする本もありますが、梅雨は雨そのものではなく雨が多い期間のことを指しますから、正確には同じとはいえません。

子供のころ、梅の花が咲くのは春先なのに、どうして6月ごろの雨期を梅雨と書くのだろうと、不思議に思ったことはありませんか。それは、梅の花ではなく実がなるのが梅雨の時期と重なるとされているからです。つまり黄梅の雨という表現そのものが、素朴な疑問への答えになっているといってもよいでしょう。

ただ「こうばい」と読む同音異義語には「紅梅」があり、そちらの方がよく使われています。濃い桃色の花を咲かせる梅のことです。また「黄梅」は「おうばい」と読むと別語になり、名には梅と付きますが、早春に咲くモクセイ科の花の一種になります。ちなみに、梅はバラ科です。

いずれにせよ、梅雨のころに出回る梅の実を漬けて、梅酒にするのを楽しみにするご家庭も多いことでしょう。黄色がかった梅を漬けると、まろやかな味になるそうですよ。

例

◎梅が青から黄色に熟していくころ、「**黄梅の雨**」の言葉通りに梅雨入りした。

漢字の読みの正解率 46%

額の花

がくのはな

ガクアジサイ。

梅雨時の花の代表はなんといってもアジサイです。よく目にする大ぶりなものがホンアジサイともいわれ、日本に元からあった「額《がく》の花《はな》」、ガクアジサイを改良したものだそうです。つまり、普通のアジサイの方が後からできたのですね。

4弁の花びらに見えるのは萼《がく》から成る装飾花といい、真ん中にある多数の小さな花を囲っています。その装飾花が本当の花を囲っているのを額縁に見立てて「額アジサイ」というようになったのでしょう。装飾花は初め白ですが、だんだんと紅などの色が加わります。そういえばアジサイも色が変わるので「七変化《しちへんげ》」という別名があります。

アジサイは華やかですが、控えめなガクアジサイの美しさも忘れがたいものがあります。**アジサイの花言葉が「移り気」とされるのに対し、ガクアジサイは「謙虚」とされるのも、納得できるものがあります。**ちなみに「額」という字は本来「ひたい」を意味し、目立つことから掲げる「額」をも意味するようになったといいます。確かに、額の花の装飾花は、本当の真ん中の小花より目立っていますよね。

例

◎アジサイの名所に行くと、アジサイの脇でひっそり咲く**額の花**の方が目に残りました。

漢字の読みの正解率

40%

李

すもも

中国原産のバラ科の植物。

6、7月ごろに実が熟す「李《すもも》」は、桃よりも酸味が強いことから「酸桃」という表記もあります。 生で食べるほか、ジャムや果実酒にもなります。

音読みは「リ」で「李下《りか》に冠を正さず」は「李の木の下で冠を直そうと手を上げると李泥棒と思われるので、疑われるような行為は避けよ」という意味のことわざです。他にも「桃李もの言わざれども下自《おのずか》ら蹊《みち》を成す」という格言があります。桃や李は、花も美しく実もおいしい。そのような木のある所には、何も言わなくても自然に人が集まり道ができる。このように、徳のある人のもとには自然に人が集まってくる——というたとえです。

これは『史記』で司馬遷が李広という将軍を評したときの言葉です。ちなみに李広の孫は李陵。中島敦の小説『李陵』で有名です。

最近では、乾燥した西洋李「プルーン」として知名度が上がっています。またプラムという場合もありますが、プラムは干しブドウを指すこともあるようです。誤解のもとなので「李下に冠を正さず」の通り、李でないのならプラムの名称は避けた方がよいかもしれませんね。

例

◎熟れきつて裂け落つ李紫に　杉田久女

漢字の読みの正解率

79%

みじかよ

短夜

夏至（6月21日ごろ）のころの短い夜のこと。

「短夜《みじかよ》」は「たんや」とも読み、夏の季語になっています。

毎年6月21日前後にめぐってくる夏至は、一年で最も夜が短くなる日です。ただし、日の入りが最も遅くなる日ではありません。日本では梅雨の所が多く、夏至とはいえ、日中の長さが感じられない日も多いでしょう。

ところで、「短夜」の字面は易しい割に、「毎日ことば」の漢字の読みクイズでは半数の回答者が間違えていました。誤りの選択肢「みじかや」「たんよ」に惑わされた人が少なくなかったようです。

音読みするなら「夜」は「ヤ」でしょうし、季語に縁がなくても「短い夜」をつづめていうと「みじかよ」になりそうだと推測できそうなものですが、熟語には「音読みプラス訓読み」の重箱読み、「訓読みプラス音読み」の湯桶《ゆとう》読みがかなり存在するので、その類いかと回答者は思ったのかもしれません。それ以前に、「ヤ」が音読み、「よ」が訓読みという理解自体が曖昧になっているかもしれませんね。

伝統ある日本語「短夜」を、自分で使って覚えていただけたらと思います。

例

◎夏の**短夜**、小説を読みふけっているうちにあっという間に空が白み始めた。

漢字の読みの正解率

50%

よをこめて

夜を籠めて

まだ夜が深いうち。

「夜《よ》を籠《こ》めて」という言葉は「夜を閉じこめる」、つまり「夜が明けない」ということを表したのでしょう。しかし誤って「一晩中」の意味で使われることもあります。

百人一首に清少納言の「夜をこめて鳥のそら音ははかるともよに逢坂の関はゆるさじ」という歌があります。まだ夜中で朝には間があるのに、鶏の鳴きまねをして関を通ろうとしても、男女が夜会うというこの逢坂の関はあなたの通行を許しませんよ——という意味です。

下敷きにあるのは、中国の故事です。そのむかし、中国古代の名君、孟嘗君《もうしょうくん》が対立する国から脱出し、函谷関《かんこくかん》にたどり着きました。函谷関とは「箱根の山は天下の険函谷関もものならず」と唱歌「箱根八里」で引き合いに出される有名な関所です。鶏が鳴くまでは開かないこの函谷関の門を、孟嘗君の部下が鶏の鳴き声のまねをして通り抜けたということです。

函谷関ならいざ知らず、日本の逢坂の関では、鳥の鳴きまねなどにだまされませんよ――ということは、要するに男女の関係にはなりませんと断っているわけです。

才気にみちた、いかにも清少納言らしい歌ですね！

例

◎**夜をこめて**竹の編み戸に立つ霧の晴ればやがてや明けんとすらん

西行

漢字の読みの正解率

48%

青田買い

あおたがい

「青田買い」と「青田刈り」、みなさんは正しく使えていますか。

「青田」とは、読んで字のごとく稲が青々と育った田のこと。そして「青田買い」は、まだ収穫期の来ないうちにその田の稲を買うことです。そこから転じて、企業が学生の採用を早々と内定することを指すようになりました。

「青田刈り」は稲をまだ穂の出ないうちに刈り取ることです。「青田買い」と混同して、学生の採用についても使われるようになりました。今ではともに就職関係での用法を記す辞書も出ています。

　しかし、ともに比喩表現だとしても、学生を「刈り取る」のではなく「買う」方が意味合いとして近いということは、就職活動の状況が「売り手市場」「買い手市場」などといわれることからも、お分かりいただけることでしょう。

「暫時」と「漸次」

ざんじとぜんじ

6月10日は「時の記念日」だそうです。時にまつわる漢字としては、大変紛らわしい熟語に「暫時」と「漸次」があります。

「暫時」は「ざんじ」と読み、辞書には「しばらく」などとあります。「しばらく」というと少しの間なのか長い間なのか曖昧ですね。6月は例年、通常国会が終わる時期で、国会中継では「暫時休憩します」という議長や委員長の発言が繰り返されます。少しの間のつもりが、しばしば空転して長いお休みになることもあります。

「漸次」は「ぜんじ」と読み「次第に」という意味です。漢字の得意な人でも、うっかり「ざんじ」と誤ることがあるかもしれません。

漸を使う他の熟語には「漸増」「漸減」があります。「漸く」は訓読みで「ようやく」と読ませます。日本語の「ようやく」は本来「漸次」と同じく「次第に」という意味だったのが、次第に「やっと」の意に変化したようです。

6月の暦

10日ごろ 【入梅《にゅうばい》(雑節《ざっせつ》)】

第3日曜日 【父《ちち》の日《ひ》】

21日ごろ 【夏至《げし》】

23日 【沖縄《おきなわ》慰霊《いれい》の日《ひ》】

30日 【夏越《なごし》の祓《はらえ》(茅《ち》の輪《わ》くぐり)】

6月30日に「夏越の祓」のため神社にチガヤ(茅)などで作った輪が置かれる。これを参拝者がくぐると、身が清められるとされる。

7月

鰻

［うなぎ］

夏の土用の丑《うし》の日に多く出回る。ウナギは海で生まれ、春先にシラスウナギの状態で川にたどり着く。これを捕まえ養殖するが、最近は不漁が続く。

六根清浄

ろっこんしょうじょう

霊山に登るときに唱える言葉。

7月1日は富士山の山梨県側の山開きにあたります。

もともと、富士山は信仰の対象となる霊山でした。そのため、国連教育科学文化機関（ユネスコ）が2013年に登録したのも、世界自然遺産ではなく世界文化遺産としてであり、登録名称（タイトル）は「富士山―信仰の対象と芸術の源泉」でした。

この富士山を、これまで多くの人々が「六根清浄《ろっこんしょうじょう》、六根清浄」と唱えながら登ってきたのです。

六根とは仏教でいうところの、感覚や意識のもとになる眼《げん》根、耳《に》根、鼻根、舌根、身根、意根のことです。その汚れをはらい、心身ともに清らかになることを六根清浄

と呼びます。六根清浄は「どっこいしょ」という掛け声の語源となったという説もありますが（「どこへ」からきたという説もあります）、この他にも富士山が由来とされる語は多くあります。

例えば、物事の非常に苦しいときを表す言葉「胸突き八丁」や、一般的には絶体絶命の瀬戸際を表す表現としても使われる「剣が峰」などがそうです。

富士山は、語源の面でも存在感がありますね。

例

◎「六根清浄」と唱える修験者の集団とすれ違った。

漢字の読みの正解率 67%

はんげしょう

半夏生

暦の七十二候《しちじゅうにこう》や雑節《ざっせつ》の一つ。夏至（6月21日ごろ）から11日目の7月1日ごろのこと。

七十二候でいう「半夏生《はんげしょう》」は「半夏生ず」と読み下し、半夏（別名カラスビシャク）という植物が生えるころという意味合いがあります。

七十二候は中国から来た区分ですが、雑節は日本独自の暦日です。それだけ日本人の生活に合った区切りだといえるのではないでしょうか。**半夏生の場合、この日までに田植えを済ませるなど、昔の農民にとって大事な節目だったようです。**

「半夏雨《はんげあめ》」は半夏生のころに降る雨を指し、この時分は梅雨の大雨が降りやすいという警鐘の意味合いがあるようです。また、この日に兵庫県明石市などではタコ、福井県大野市ではサバを食べる風習がありますが、香川県の協同組合は7月2日を「うどんの日」としています。狭いようで広い日本、といったところですね。
なお、半夏つまりカラスビシャクとは別に、ハンゲショウという植物もあります。葉が白く染まるため語源の一つに「半化粧」があるのですが、これを頭の隅に入れておくと、半夏生の読みがぐっと覚えやすくなることでしょう。

例

◎**半夏生**という言葉自体は知らなくても、半夏雨ともいわれる梅雨時の激しい雨への警戒は怠らないようにしたい。

漢字の読みの正解率 76%

しょくじょせい

織女星

織り姫星のこと。こと座の星・ベガの漢名。

7月7日は織女星《しょくじょせい》と牽牛星《けんぎゅうせい》の二星《にせい》が相会《あいかい》する日です。織り姫と、牛飼いのひこ星（わし座のアルタイル）が年に一度だけ会えるという伝説は、日本人にも七夕のお話としてなじみ深いものです。

中国発の伝説ですから、漢字だと「牽牛」「織女」は音読み同士のペアになります。**つまり、「織女」を「おりひめ」と読むのは適切ではありません。**

しかし、「毎日ことば」で「織女星」の読みを出題したところ、「おりひめぼし」という回答が43％にも及びました。おそらく「織女＝織り姫」という意味上の一致が、読みにまで影響したのでしょう。

また、七夕は漢語で「しちせき」と読みます。あまり耳にしない読み方ですが、日本古来の「棚機《たなばた》つ女《め》」の伝承が中国の星の伝説と結び付き、その結果、漢字は中国の七夕、読みは日本の「たなばた」として定着しました。
織女が「おりひめ」と読まれてしまうのも同様に、当て字の感覚があるのかもしれませんね。

例

◎7月7日は天の川で隔てられた**織女星**と牽牛星が見えないかと、ふと空を見上げてしまいます。

漢字の読みの正解率 53%

かささぎのはし

鵲の橋

7月7日夜に牽牛《けんぎゅう》と織女《しょくじょ》を会わせるため、鵲が翼を連ねて天の川に架けたという伝説の橋のこと。

牽牛と夫婦になった織女は、機織りを怠けたことで父である天帝の怒りを買い、天の川で隔てられ、1年に1度しか夫に会えなくなりました。

ところが7月7日に雨が降ると、天の川の水かさが増すので会えません。その雨を指す「洒涙雨《さいるいう》」という言葉もありますが、これは二つの星が会えなくなって流す涙といわれます（会った後の別れの涙という説もあります）。

そんな二人を可哀そうに思った鵲《かささぎ》の群れが、翼を並べて橋を作ったそうです。

百人一首に「鵲の渡せる橋に置く霜の白きを見れば夜ぞ更けにける」（大伴家持）という歌があります。鵲はカラス科の鳥で、日本には16世紀ごろ朝鮮から持ち込まれたとされます。つまり、大伴家持の生きた奈良時代には日本にいないはずなのですが、大昔は青鷺《あおさぎ》（蒼鷺）か何かの鷺の一種と思われていたそうなので、その誤解のもとに鵲の歌が作られたのかもしれません。

なお、大阪府枚方市には、その名も天野川に架かる鵲橋という橋があり、渡来人が中国の七夕伝説を伝えた名残といわれています。

例

◎今ごろ「**鵲の橋**」を渡って、織女は牽牛に会いに行っているだろう。

漢字の読みの正解率 65%

端居
はしい

暑さを避け、縁側など家の端に出ていることを示す夏の季語。夕方や夜に、うちわを手に涼むこと。

「端居《はしい》」はクーラーのないころの、つつましくも趣のある季語で、現代の俳句でも好まれています。もっともクーラーの排出熱が多い所ではかえって暑くなるかもしれませんが。

「端」は常用漢字表の音訓だけでも「タン」「はし」「は」「はた」と四つの読み方があるため、それぞれ用例として覚えておくしかありません。

なかでも、「端《はし》」の読みを「はじっこ」「はじの方」など「はじ」と濁って発音する人が多いですよね。これは関東方言とされており、その習慣のない関西では「はじ」を耳障りに感じる人も少なくないようです。

例

◎端居して明日逢ふ人を思ひをり　星野立子

漢字の読みの正解率
62%

一休さんのとんち話で、「このはしわたるべからず」と札のある橋を渡って「端ではなく真ん中を通った」と言ったというものがありますが、この「端」を「はじ」と濁ったのではとんちの意味も分からなくなりますね。

辞書で「端」を見ると「『はじ』とも」などとあります。「はじ」を否定するつもりはありませんが、少なくとも「端居」などの定着した語について「はじい」なんて読んでしまうと「恥」になってしまいますから、くれぐれも気をつけましょう。

ねむのき

合歓の木

マメ科の木。別名「ねぶのき」など。

「合歓の木《ねむのき》」に咲く花を「合歓の花」といい、6、7月の夕方に細長い淡紅色のおしべが羽毛のように群がって、どこか夢見るような美しさを見せます。

「ねんねの木」という方言を持つ地方もあるそうですが、葉が夜に閉じるので「眠りの木」から「ねむのき」になったようです。

松尾芭蕉の『奥の細道』の句に「象潟《きさかた》や雨に西施《せいし》がねぶの花」があります。象潟は秋田県にかほ市の地名で、芭蕉が訪れた最北の地です。西施は中国の美女の名で、芭蕉は合歓の花にその面影を見いだしたのです。

森鷗外の『舞姫』では「わが心はかの合歓といふ木の葉に似て、物触《さや》れば縮みて避けんとす。我心は処女に似たり」とたとえられますが、こちらは触れられると葉を閉じるオジギソウのことではないかとも思えます。

合歓の木は青森中心の祭り「ねぶた」とも「眠り」を介して関係があります。『三省堂年中行事事典』の「ねぶた」によると、7月7日にネムナガシ・ネムタナガシなどと呼んで「人形を川に流したり、合歓の木の小枝などで身体をこすって川に流し去る所が東北地方以外にも少なくない」そうです。

例

◎合歓の木の「合歓」は葉が合わさるのを結婚に見立てたとされ、中国では男女和合の象徴だそうです。

漢字の読みの正解率 91%

潮目

しおめ

異なる潮が出合う海域のこと。

「潮目《しおめ》」は、潮が出合う海域、そして良い漁場を表す言葉です。**ところが新聞では、いつのころからか「時勢が転換する境目」の意味で使われることが多くなりました。**特に政治・経済関係の記事で「潮目が変わる」「潮目を読む」などという形で多用されます。ただし、その意味や用例も併記する辞書はまだ多くありません。情勢変化の意味で使うのは、比較的最近の用法といえるでしょう。

日本は「海の日」を設け祝日にするほどの海洋国家だけに、潮の流れに敏感です。平家を滅亡させた壇ノ浦の合戦では潮流の変化が決め手になりましたし、言葉の面でも潮を比喩として使う表現が少なくありません。

例えば「潮時」という言葉があります。２０１２年度の文化庁「国語に関する世論調査」では、本来の意味である「ちょうどいい時期」と答えた人が60％、本来の意味ではない「ものごとの終わり」と答えた人が36・１％という結果でした。

スポーツ選手が引退するときなどに用いられるようになり、「終わり」のイメージが色濃くなったのかもしれません。ただ調査では、まだ本来の意味で捉える人が優勢ですので、潮時という言葉の「潮目」が変わったとはいえないでしょう。

例

◎党首の一言で選挙の**潮目**が一気に変わることもある。

漢字の読みの正解率 86%

じゅんぷうまんぱん
順風満帆

帆に追い風を受けて船が快調に進むさま。転じて、物事が順調に進むこと。

この四字熟語は「じゅんぷうまんぽ」と読み間違える人が多いことで知られています。そこで「毎日ことば」の漢字クイズで読みを出題したところ、正解率は85％と思いのほか高く、「じゅんぷうまんぽ」を選んだ人は12％にとどまりました。

ただし、そもそも漢字クイズに挑戦しようという人は、ある程度漢字に自信のある人が多いことが推測されます。3択ですので当てずっぽうでも当たる可能性は少なからずありますし、それらを差し引いて考えなければなりませんが、間違えやすいという情報も含めて、私たちはこの漢字に接する機会が多いのかもしれません。

ちなみに、帆船のすべての帆を広げることを表す「総帆展帆《そうはんてんぱん》」という語の読みを出題してみたところ、正解率は74％でした。

ところで、「順風満帆《じゅんぷうまんぱん》」を出題したのは2009年のことで、使用例として挙げたのは同年の衆院選で政権交代を果たした当時の民主党でした。しかし、その後の状況の変化はみなさんもご存じの通りです。順風満帆のときほど「好事《こうじ》魔多し」を肝に銘じ、落とし穴にはまらないように注意しなければなりませんね。

例

◎2009年の民主党は追い風を受け衆院選に勝ち、**順風満帆**だったが……。

漢字の読みの正解率
85％

一天にわかにかき曇り

いってんにわかにかきくもり

　梅雨も後半になると、集中豪雨が増えます。もっとも梅雨の前半や梅雨明け後も、突然の大雨が被害をもたらすことがあるので、安心はできません。

「一天にわかにかき曇り」というのは、それまで晴れていた空が急に黒雲に覆われ、豪雨になることをいう慣用句です。「一天」とは「空全体」という意味です。これを「かんかん照りだったのが一転にわかにかき曇って激しい雨に見舞われた」など、「一転」と書き誤るケースがあります。とりあえず意味は通じますが、伝統的な表現とは違うので、「一天」という言葉を知っている人には、教養が足りないと思われてしまいます。気をつけてくださいね。

　ちなみに「暗雲が立ちこめる」ということもありますが、雲は「垂れ込める」の方が自然な表現です。霧なら「立ちこめる」でいいのですが、状況が悪くなるという比喩として表現する場合でも「暗雲が垂れこめる」と書きたいものです。

水かさが増す

みずかさがます

集中豪雨などで河川の水位が上昇することを「水かさが上がる」「水かさが高くなる」などとする言い回しを見聞きすることがあります。しかし、正しくは「水かさが増す」か「水かさが増える」とすべきです。

もしくは、「水位が上がる」「水位が高くなる」でもいいでしょう。「水かさが上がる・高くなる」と誤って使う人は、「水かさ」を「水位」と混同しているのかもしれませんね。

水かさの「かさ」は「量」ということです。「量が上がる」「量が高い」とはいわないように、水かさについても「上がる」「高い」とつなげるのは不適切なのです。

では、「警戒水位をこえる」「堤防をこえる」の「こえる」は漢字だと「越」でしょうか、「超」でしょうか。

新聞では、「越える」は「通り過ぎる」、「超える」は「上に出る」という意味で区別しています。ですから「警戒水位を超える」「水が堤防を越える」と書き分けています。

7月の暦

1日 【富士山《ふじさん》山開《やまびら》き】

7日 【七夕《たなばた》】

9、10日 【浅草寺《せんそうじ》ほおずき市《いち》(東京)】

第3月曜日 【海《うみ》の日《ひ》】

25日 【天神祭《てんじんまつり》・船渡御《ふなとぎょ》(大阪)】

7月中 【祇園祭《ぎおんまつり》】

京都市で1カ月かけて催される伝統行事。他にも全国的に行われる。祇園の祇の字は1画多い「衹」と酷似しているが、後者は「シ」と読む別字である。

8月

海月

〔くらげ〕

「水母」とも書く。海月好きの女の子が主人公の『海月姫』（東村アキコ作）という漫画があり、映画やドラマになった。8月の海水浴は海月に注意。

ひなたみず

日向水

日の当たっているところに置かれて温まった水のこと。

昔は風呂のない家も多く、庭に置いたたらいで行水《ぎょうずい》をしました。

今の若者には行水も死語に近いかもしれませんが、「カラスの行水」という言葉なら聞いたことがあるかもしれません。これは、ろくに体を洗わずすぐに入浴を済ませることです。

「日向水《ひなたみず》」について『消えた言葉』（橋本治編著、アルク）の中の詩人・荒川洋治さんの文章を引用してみます。

「井戸水はそのままではつめたい。タライに入れて日向に出しておくと、お湯とまではいかないが、水があたたまって、いい具合になる。これで体をあらう」

「タライの中の、ひとときの自由は、鳥のさえずりや葉ずれの音をまじえて、天にこそ、のぞかれていたのである」

逆にいえば、自然と切り離された家の中で風呂に入るようになった現代人に、お日さまのありがたさは感じにくいということです。

しかし、太陽光発電という新しい形で日光の恵みが復活した今、太陽光発電で沸かした風呂は「21世紀の日向水」といえるかもしれませんね。

例

◎日向水で行水をした経験のある人も少なくなっているに違いない。

漢字の読みの正解率 57%

極暑

ごくしょ

非常に暑いこと。また、夏の暑い盛り。

「極暑《ごくしょ》」の対義語は「極寒《ごっかん》」です。極寒はよく使われますが、極暑はあまり見かけません。ちなみに、類語には酷暑、猛暑、炎暑、厳暑、激暑などがあります。

「酷暑」が耳になじんでいるせいでしょうか、「毎日ことば」で「極暑」の読みを尋ねたところ、「こくしょ」と間違った人が32%にも及びました。出題者は「きょくしょ」と答える人が多いだろうと踏んでいたのですが、正解率が50%を割り込むとは予想外でした。

そういえば「極地」「南極」「北極」はみな寒い所ですね。「極寒」だと割によく使いますから、この語の読みを問うと「ごっかん」と正答する人はかなり多くなるでしょう。しかし「極暑」という言葉については、言葉そのものはあるのに「酷暑」などに押されてか、あまり使用されないので、そのぶん難しかったのかもしれません。

しかし作家、藤沢周平さんの句「抗《あらが》はず極暑の人とならんとす」のように季語としても使われていますから、覚えて使ってみるのもいかがでしょう。

例

◎もはや猛暑という言葉は普通の暑さだ。暑さの極まる意味で「**極暑**」というべきかもしれない。

漢字の読みの正解率

46%

ものみゆさん

物見遊山

見物して遊び歩くこと。

２０１６年より、８月11日は祝日「山の日」になりました。だからといってこの日に登山客が増えるとは限りませんが、子供を連れて観光地に物見遊山《ものみゆさん》という人は多いことでしょう。

「遊山」という語は、文字通りでは山へ行って遊ぶことを指しますが、今では山とは限らず使います。漢和辞典には「ゆうざん」の読みを掲げるものがありますが、「物見遊山」の場合は「ゆさん」と読みます。

また仏教では、禅の修行者が他の寺を遍歴することを遊山といいます。この場合の「山」は寺の名前の前に付く「山号」を示すようです。昔の寺は山中につくられることが多く「比叡山延暦寺」「高野山金剛峯寺」などと称し所在地を示したのです。

したがって、**「遊山」の「遊」も、今でいう「あそぶ」ことではなく「旅をする」という意味でした。**「遊行《ゆぎょう》」も僧が各地を巡るという意味です。

ちなみに、「遊説《ゆうぜい》」という言葉は政治家が各地で政策などを説いて回ることであり、演説のついでに遊んで回ることではありません。

例

◎東京に**物見遊山**に行き、築地市場や浅草寺を訪れた。

◎**物見遊山**気分で出張に行ってはいけない。

漢字の読みの正解率 **74%**

山懐
やまふところ

山に囲まれた奥深い所。

「山懐《やまふところ》」は音読みか訓読みか、言葉を知らなければ判断が付かない熟語の一つです。ちなみに「山間」は「さんかん」とも「やまあい」とも読みます。間に「あい」の読みが常用漢字表にないので、新聞では「やまあい」の場合は「山あい」と表記していますが、原稿に「山間」とあると、校閲としては「さんかん」と読ませるべきか「山あい」に直すべきか迷うことが少なくありません。

常用漢字のルールに関係ない人でも、読む人のことを考えれば「やまあい」なら「山あい」、「山懐」に関しても、音読み熟語と思う人が多いので「山ふところ」と書くことをお勧めします。「山ふところ」として「かかる山ふところにひきこめてはやまずもがな」と、『源氏物語』にも用例があります。

ところで漢字の「懐」は「懐かしい」の語でもおなじみです。懐の字は「胸から腹にかけての衣服の裏側」を表し、胸に当たることから「ふところ」「なつかしい」の意味が派生したのです。**「ふところ」と「なつかしい」が同じ漢字で結ばれるというのは、なんとも素晴らしい日本語の感覚ではないでしょうか。**

例

◎山懐に抱かれたふるさとが懐かしい。
◎ゆるやかな山懐に桜が咲いている。

漢字の読みの正解率 36%

うらぼん
盂蘭盆

旧暦の7月15日を中心に行われる仏教行事。

「盂蘭盆《うらぼん》」はもともとはあの世で苦しむ亡者を救うための中国の仏事でしたが、日本に伝わり、祖先の霊を迎える行事となりました。

盂蘭盆という漢字は古代インドの梵語《ぼんご》（サンスクリット語）の中国での音訳で、盂蘭に特に意味はありません。なじみのない字のためか「孟蘭盆」という誤字を見かけることがありますが、無理に盂蘭盆と記す必要はありません。「お盆」だけでも、十分通じるはずです。

なお「裏盆」と書くと、盂蘭盆の最後の日などを表す別語になります。

新暦では8月15日を中心に行われる所が多いのですが、関東などでは7月15日ごろに行われます。これと区別して、8月の方は「月遅れの盆」ということがあります。

8月15日ごろの盆を「旧盆」という向きもありますが、これは適切ではありません。旧盆といえば旧暦の盆行事のことであり、また旧暦と新暦のずれは1カ月とは限らず、年によってまちまちなのです。しかも、本当に旧暦に合わせて盆行事をするところもあります。こちらはまぎれもなく旧盆といえるでしょう。

例

◎**盂蘭盆**は中国から来た語ですが、日本でいうお盆の語源であるかははっきりしません。

漢字の読みの正解率 84%

ぼんばな

盆花

お盆の時期に盆棚に飾る花全般のこと。

土地によって違いはありますが、ミソハギやハギ、キキョウ、オミナエシなどを盆《ぼん》花《ばな》として供えます。盆花はキキョウの俗称と『広辞苑』にありますが、他にもオトギリソウ、サルスベリ、ホオズキなど、さまざまな花の別称とされているようです。

いずれにせよ、盆花は秋の季語です。新暦では暑いさなかの8月半ばのお盆期間ですが、8月7日ごろの立秋は過ぎています。**「盂蘭盆」をはじめとするお盆関連の季語はすべて秋ですし、ぴんときませんが、七夕関連も秋の季語なのです。**

さて、盆花は花を「か」と読んでしまいがちですが、「総花《そうばな》」と同じく、音読みプラス訓読みの、いわゆる重箱読みになります。

代表的な盆花であるミソハギはミゾハギともいわれます。これは溝に生えているからという語源説に基づく表記で、一方ミソハギはみそぎに使われるからという説によるものです。つまり、濁点のあるなしが語源にもかかわってくるのですね。

『日本国語大辞典』（小学館）は「『禊萩《みそぎはぎ》』の略で、『溝萩』は誤用という」、『日本語源広辞典』（増井金典著、ミネルヴァ書房）は、「『ミ（水）＋注ぎ＋萩』が語源で、墓に水をかけて供えた花、の意です」としています。いずれにせよ、水に関わりがありそうです。

例
◎盆花として故人の好きだったキキョウを選んだ。
◎盂蘭盆に花屋で見かける盆花はホオズキだ。

漢字の読みの正解率
61％

門火《かどび》

お盆期間に家の門の前でたく火のこと。

一般的に門は「モン」と音読みする場合が多いようですが、「かど」と訓読みする語としては、「門火《かどび》」の他に「門松」があります。**「盆と正月が一緒に来たようだ」という言い回しがあるように、門火も門松とセットで覚えるとよいかもしれません。**

さて、お盆の入りには先祖の霊を迎えるため迎え火を、盆明けには送り火をたきます。盆棚には、キュウリとナスをそれぞれ馬と牛に見立てて飾ります。これに祖先の霊が乗るとされています。そして、祖先の霊とともに、存命の両親に対しても「生き御霊《みたま》」としてもてなします。

なんとうるわしい風習でしょうか。亡くなった相手をしのぶのは楽かもしれませんが、それよりも、生きているうちに親に孝行し感謝の言葉を述べるという当たり前の行為のほうがむしろ難しいかもしれません。その機会をお盆は与えてくれるのです。お盆といえば、「帰省」の省という字には「親の安否を確かめる」という意味もあります。

孝行をしたい時分に親はなし。石に布団は着せられず——。生きているうちにもっと親孝行しておけばよかったという意味のことわざです。その時になって門火をたき、親の霊を迎えるよりも、生きている親に喜んでもらう方が大事ですよね。

例

◎今では盆に門火をたく家も少なくなり、ご先祖様を迎えるという意識も薄れた。

漢字の読みの正解率 64%

霍乱

かくらん

暑気あたり。また、夏に起きやすい、激しい下痢や吐き気など急性の病気。

「霍乱《かくらん》」単独で使われることはほとんどなく、多くはことわざ「鬼の霍乱」の形で用いられます。**いつも元気な人が珍しく病気にかかることを意味しますが、この場合は原因が暑気あたりとは限りません。**

なお「暑気当たり」と「当」の漢字を使うのは適切ではなく、正しくは「暑気中《あた》り」と書きます。「中」には「中毒」のように体を悪くするという意味があるのです。熱中症などがそうですね。

熱中症は比較的目新しい語のような気がしていましたが、実は江戸時代からある語だそうです。２００７年くらいから広く認知されるようになりました。

「霍乱」が今でいう熱中症の意味と分かれば、にわかにこの古臭い言葉が身近に思えてくるのではないでしょうか。霍の字について、円満字二郎著『部首ときあかし辞典』（研究社）にはこうあります。

「本来の意味は〝雨に驚いた鳥があわてて飛び去る〟ことだという。転じて、〝何かが急に起こる〟ことを表す」

8月の暑い時期は、適切な冷房とこまめな水分補給で、突然の熱中症から身を守りましょう。

例

◎あの人が夏風邪で休むとは珍しい。鬼の霍乱だね。

漢字の読みの正解率 81%

満天の星

まんてんのほし

　夏の高原などで美しい星空を見上げると、つい「満天の星空」という言葉を使いたくなってしまいますね。ところが、これは問題のある表現です。

「満天」の「天」は「空」を意味します。つまり「満天の星空」だと「空」の意味合いが重複してしまうのですね。ですから「満天の星」だけでよいのです。

　重複表現、ダブり表現、重言と呼び名はいろいろありますが、例えば「馬から落馬」などと同じです。でも、「満点の星空」は説明されて初めて「そう言われてみればそうだ」と気付く人も多いのではないでしょうか。

　この時期に間違えやすい、他の例を挙げましょう。「連日暑い日が続く」は「連日暑い」か「暑い日が続く」で十分です。「炎天下のもと」は「下」と「もと」がダブるので「炎天下」だけか「炎天下に」「炎天下で」とするのがよいでしょう。

国破れて山河在り

くにやぶれてさんがあり

8月15日は終戦記念日です。この前後に使われることが多い詩句が、この「国破れて山河在り」です。

中国・唐の詩聖と呼ばれる杜甫の詩「春望」が出典です。初めの句があまりに有名なので、そのまま慣用句になっているのです。戦争で国家が崩壊しても自然は昔のままだという意味合いで、松尾芭蕉も『奥の細道』の平泉の条で引用しています。

さて、気をつけたいのは「破れて」の表記です。これは「壊れる」「荒廃する」といった意味であり、負けたことを表す「敗れて」とは違います。

2013年の安倍晋三首相の演説として「国、敗れ、まさしく山河だけが残ったのが、昭和20年夏」と首相官邸ホームページに記されています。これは、日本が戦争に負けたことをあえて強調したかったのか、それとも単に「破れて」という表記を知らなかっただけなのか……。どうも気になってしまいます。

8月の暦

初旬　【ねぶた】

巨大な灯籠《とうろう》を屋台に載せるなどして引き回す、青森県が中心の祭り。2～7日「青森ねぶた祭」、1～7日「弘前ねぷたまつり」、4～8日「五所川原立《たち》佞武多《ねぷた》祭り」と表記が異なる。

6日　【広島《ひろしま》平和《へいわ》記念式典《きねんしきてん》】

7日ごろ　【立秋《りっしゅう》】

9日　【長崎《ながさき》原爆《げんばく》犠牲者《ぎせいしゃ》慰霊《いれい》平和《へいわ》祈念《きねん》式典《しきてん》】

11日　【山《やま》の日《ひ》】

15日　【全国戦没者追悼式《ぜんこくせんぼつしゃついとうしき》】

9月

邯鄲

［かんたん］

美しく鳴く秋の虫。また、中国の地名。邯鄲に来た唐の盧《ろ》生《せい》という青年が栄華を極めたつもりが、宿での一瞬の夢だったという成句「邯鄲の夢」に使われている。

にひゃくとおか

二百十日

立春から数えて２１０日目のこと。９月１日ごろ。

「二百十日《にひゃくとおか》」は暦の雑節《ざっせつ》の一つで、昔から台風の来ることが多い厄日とされていました。夏目漱石の小説の題名にもなっています。

常用漢字表では「十」は「とう」ではなく「とお」とされています。口に出す際はどうでもよいことですが、パソコンに入力するときなどには、「とお」と打たないと文字が変換されないので気をつけてくださいね。

さて、立春から数える雑節には他にも、立春から数えて２２０日目にあたる「二百《にひゃく》二十日《はつか》」、「夏も近づく八十八夜……」の歌「茶摘み」で有名な「八十八夜」などがあります。

いずれも農家にとって気をつけるべき日とされています。二百十日、二百二十日は台風、八十八夜は新米を害するといわれている遅霜《おそじも》への警戒を促しているのです。

いうまでもないことですが、算用数字を基本表記にした文章でも、雑節のような日本古来の用語を算用数字にすることはできません。「今日は暦の210日」「210日は立春から数えて210日目」と書くと、訳が分からなくなってしまいますから。

例

◎二百十日のころには富山・八尾《やつお》では「おわら風の盆」の祭りがある。

漢字の読みの正解率
71%

秋海棠

しゅうかいどう

9月ごろ、淡紅色の小さな花を咲かせる花。

「秋海棠《しゅうかいどう》」は別名「断腸花《だんちょうか》」といいます。日記『断腸亭日乗』で有名な作家の永井荷《か》風《ふう》は、秋海棠を庭に植えていたそうです。

ベゴニアに似ていますが、それもそのはず、ベゴニアは秋海棠科です。ちなみに、よく「ベコニア」と誤記されますが「ゴ」と濁りますのでご注意を。

1935年に毎日新聞の前身、東京日日新聞は文化人7人に依頼し「秋の新七草」を選びました。そのうちの一つが秋海棠で、他の新七草はコスモス、キク、オシロイバナ、ヒガンバナ、アカノマンマ、ハゲイトウでした。

ちなみに本来の秋の七草は、ハギ、ススキ（尾花）、クズ、ナデシコ、オミナエシ、フジバカマ、キキョウです。これは万葉集の山上憶良の歌に由来します。

直木賞作家・北村薫さんの1991年の長編『秋の花』（創元推理文庫）では、この花が重要なモチーフとなりました。親友を失う女子高生の断腸の思いが秋海棠の花に込められているのです。小説の中で、登場人物が別名の断腸花の由来についてこう語ります。「人を思って泣く涙が落ち、そこから、生えたといいます」と。

ラストシーンは、思い出すだけで涙腺が緩んでしまいます……。

例

◎臥して見る秋海棠の木末かな　正岡子規

漢字の読みの正解率

47％

ちょうようのせちえ

重陽の節会

旧暦9月9日の節句のこと。「菊の節句」とも呼ばれる。

「重陽《ちょうよう》の節会《せちえ》」は旧暦9月9日という、9が重なる日のことなので「重九（ちょうく、ちょうきゅう）」ともいいます。**「陰陽」の陽の最大数である9は、中国でめでたい数字とされています。**

日本でも五節句の一つとして、菊の酒などを飲み長寿を祈る風習がありました。しかし、新暦では菊の盛りがずれるせいもあり、今は一部の行事にとどまります。重陽は五節句のうちでもマイナーなものの一つでしょう。ちなみに他の節句とは1月7日の人日、3月3日の上巳《じょうし》、5月5日の端午、7月7日の七夕です。重陽は江戸時代までは休日として祝っていたそうです。

さて、「節」は音読みで普通セツですが、セチと読ませる数少ない使用例のなかで、最も有名なものが「お節料理」でしょう。お節料理といえば栗きんとんですが、和菓子の栗きんとんも有名です。岐阜県中津川市では9月9日を「栗きんとんの日」と定めていて、神事などが行われています。

なぜ栗かといえば、重陽は栗節句ともいわれるからです。なるほど、新暦の9月9日は重陽に欠かせない菊の花の盛りには早いですが、栗なら合いますよね！

例

◎**重陽の節会**といってもぴんとこないが、栗節句というと栗ご飯を食べたくなる。

漢字の読みの正解率
87%

かくしゃく

矍鑠

年をとっても、丈夫で元気がいい様子。

「矍鑠《かくしゃく》」の「矍」は鳥のようにきょろきょろすることで、「鑠」は金属を加熱して溶かすことをいいます。つまり、それほどに強い勢いや輝きを表しているのです。もっとも、漢字自体に深い意味があるわけではなく当て字のようなものですから、「ピンピンしている」といった雰囲気を表す擬態語とされています。

そう、漢字にも日本語の「ピンピンする」などのような擬態語があるのです。『政治家はなぜ「粛々」を好むのか――漢字の擬態語あれこれ』（円満字二郎著、新潮選書）は、そういう漢字の擬態語にスポットを当てた本ですが、「矍鑠」も『後漢書』の一エピソードに出る言葉として語られています。

光武帝の62歳の老臣、馬援《ばえん》が自分でもまだまだ戦えると馬に乗ってアピールしたことに対し、光武帝は「矍鑠たるかな、この翁や」と笑って言ったということです。このエピソード自体が鮮烈な印象を残すことによって、「矍鑠」は現代日本語にまで生き続けているのだと、円満字さんは述べています。

ちなみにその他に挙げられている漢字の擬態語は「粛々《しゅくしゅく》」「丁寧」「堂々」「切々」「悠々」「颯爽《さっそう》」など……。こうしてみると、知らないうちにたくさんの擬態語を使っているのですね。

例

◎敬老の日、**矍鑠**そのものの祖父の健康を家族で祝った。

漢字の読みの正解率 72%

つきはよよのかたみ

月は世々の形見

月ははるか昔から現代に受け継がれた形見のようなもので、月を見れば昔のことがしのばれるということわざ。

「月《つき》は世々《よよ》の形見《かたみ》」は国語辞典やことわざ辞典では、かなり大型でないと載っていません。「世々」の語自体は「よよ」「せいせい」「せぜ」と複数の読みがあるのですが、このことわざに関しては「よよ」です。もしかしたら「夜」と掛けているのかもしれません。

それにしても、知られていないのが不思議なほど、とても美しいことわざです。

古代、中世、近世と、地上の風景や身の回りの物は大きく様相を変えてきましたが、夜空の月だけは、全く変わることがありません。それを、大昔から現代に代々継承されたとみなし、古代の人も月を見上げていろいろな感興にふけったのだろうと、はるか昔に思いをはせるのです。また、月の方からみれば、地上の転変を一日も欠かさず見守ってきたともいえますね。

西行法師の歌に、「世々経《ふ》とも忘れ形見の思ひ出は袂《たもと》に月の宿る計《ばかり》か」というものがあります。

これは世代を超えた思いではなく個人的な恋の思い出を歌ったものですが、いずれにせよ、月が物思いをさせるという感覚は、現代人にも受け継がれているでしょう。

例

◎中秋の名月を眺めながら「**月は世々の形見**」と口ずさみたい。

漢字の読みの正解率 **38%**

十六夜
いざよい

旧暦の16日の夜、特に8月16日の月のこと。

「十六夜《いざよい》」は十五夜の次の夜。新暦では9月が多いのですが、年によっては10月になることもあります。

そのまま「じゅうろくや」と読んでも間違いではありませんが、鎌倉時代の阿仏尼《あぶつに》による紀行文『十六夜日記』を「いざよいにっき」と読むように、伝統的には「いざよい」です。「いざよう」とは「ためらう」ことですから、月の出が十五夜より遅くなるのを、ためらっていると見立てたのですね。

このように、月の欠け方にはそれに伴う言い方があります。**十六夜の次の旧暦17日**

「立ち待ち月」から、月が欠けるとともに「居《い》待《ま》ち月」、「寝《ね》待《ま》ち月」または「臥《ふ》し待ち月」、「更け待ち月」と、情緒豊かな語が続きます。

面白いことに、満月になるまでは「三日月」「十三夜月」など数字の付いた月の呼び名が多いのですが、それを越えると月の出を「待つ」様子から来る異称が多くなります。昔は夜の闇が深く、月の光をそれだけ待ち望んでいたということでしょう。「更け待ち月」になると月の出は午後10時。もう待てなくて眠るせいか、「待ち」の付く月はここまで。次には夜明けの空に出てくる「有り明けの月」となります。

例

◎十五夜は満月とは限らず**十六夜**に満月になる年も多い。

漢字の読みの正解率 90%

獺祭《だっさい》

カワウソが、捕らえた魚を岸に並べる様子。また、詩文を作るとき多くの参考書を広げておくこと。

明治時代の俳人、正岡子規は「獺祭書屋主人《だっさいしょおくしゅじん》」と号したことから、子規の忌日9月19日を「獺祭忌」といいます。子規の忌日は他に「糸瓜忌《へちまき》」とも呼ばれますが、これは子規の絶筆の句が「糸瓜咲て痰《たん》のつまりし仏かな」「をとゝひのへちまの水も取らざりき」「痰一斗糸瓜の水も間にあはず」と、いずれもヘチマを題材にしていることに由来するものです。

なお、山口県の銘酒にも「獺祭」があり、今は子規関連よりこちらとしての知名度が大きいかもしれませんね。この銘柄の名には、蔵元・旭酒造の所在地である同県岩国市周東町獺越《おそごえ》の地名が関わっているようです。**その地名の由来となった伝説のカワ**

ウソと、文学史における子規の革新性をふまえ命名したそうです。

2011年に「毎日ことば」で読みを出題したところ、45%の正解率でしたが、今ではこの酒を置く店も増え、相当の人が読めるようになったに違いありません。

例

◎カワウソは日本では絶滅したとされますが、どこか人の入らない奥地でひそかに獺祭を行っているかもしれません。

漢字の読みの正解率 45%

ききゅうそんぼうのとき

危急存亡の秋

生き残るか滅びるかという重大な分かれ目のこと。

「危《き》急《きゅう》存《そん》亡《ぼう》の秋《とき》」の「秋」は「とき」と読ませます。**ここでの「秋」は大事な時期という意味を持ちます。**収穫の秋は一年で最も重要な時期であることからこの字を当てるようになったのでしょう。

「一日千秋」も同様に「秋」そのものではなく、「年」あるいは「長い時間」を表します。また、相撲や芝居の最終日の「千秋楽」も、秋とは直接関係ありません。

「危急存亡の秋」は『三国志』で有名な中国・蜀《しょく》の諸葛亮孔明《しょかつりょうこうめい》が、劉備《りゅうび》亡き後の皇帝・劉禅《りゅうぜん》に示した上奏文「出師《すいし》の表」に出てきます。名文として知られますが、中でも「危急存亡の秋」は慣用句として現代でもよく使われています。

ちなみに、秋の慣用句といえば「天高く馬肥える秋」が有名ですね。これも中国の『漢書』が出典です。日本では「食欲の秋」と関連付けられる言葉になっていますが、本来は、秋になれば元気な馬に乗って北方の異民族が攻めて来るので注意しなさいという、警鐘の意味合いを持つ言葉でした。

日本で「危急存亡の秋」ではなく「天高く馬肥える秋」の平和な使い方が続くことを、祈らずにはいられません。

例

◎今、会社は創業以来初めて**危急存亡の秋**に直面しています。

漢字の読みの正解率

76%

当たり年

あたりどし

「当たり年」とは農作物や果物の収穫が多い年のことです。転じて、物事が順調にいく年を指すようにもなりました。

ところが、「今年は台風の当たり年」とか「災害の当たり年」などという使い方をよく見ます。インターネット上ではその使い方も併記する辞書もあります。しかし、本来であれば不適切な表現として、「台風の多い年」などに直すべきでしょう。

ところで、台風報道につきものなのが「最大瞬間風速」という用語ではないでしょうか。これが「瞬間最大風速」と誤って使われているのを、たまに見かけます。確かに、字面だけだと違和感がないので見逃してしまいそうですね。ある校閲部員は「さしすせそ」の「さし」の順番で「さいだいしゅんかん」と覚えていました。こうすれば、きっと忘れないでしょう！

「中秋」と「仲秋」

ちゅうしゅうとちゅうしゅう

「ちゅうしゅうの名月」の字が「中秋」か「仲秋」か、迷うことはありませんか？

「中秋」とは旧暦の8月15日を指しており、十五夜つまり「ちゅうしゅうの名月」に使われるのはこちらです。

これに対し「仲秋」は、旧暦の8月の異称です。「なかあき」ともいいます。仲の字は季節の真ん中を意味しています。また、伯、仲、叔、季などと表される兄弟の順の一つをも表します。「二つの勢力が伯仲している」などと使う「伯仲」は、もともと「兄と弟」という意味だったのです。

「おじ」「おば」を漢字で書く場合「伯父」「叔父」、「伯母」「叔母」の使い分けを忘れることがありませんか？　先に挙げた伯、仲、叔、季という順番の初めが「伯」であることを覚えておけば、例えば父の兄の方が「伯父」で、弟が「叔父」などと使い分けることができます。

9月の暦

1日 【防災《ぼうさい》の日《ひ》】

1～3日 【おわら風《かぜ》の盆《ぼん》(富山市)】

9日 【重陽《ちょうよう》の節会《せちえ》】

15日 【老人《ろうじん》の日《ひ》】

国民の祝日の敬老の日とは別に、老人福祉法では9月15日が老人の日とされ、年度中に100歳となる高齢者に政府や自治体から記念品が贈られる。

第3月曜日 【敬老《けいろう》の日《ひ》】

23日ごろ 【秋分《しゅうぶん》の日《ひ》】

10月

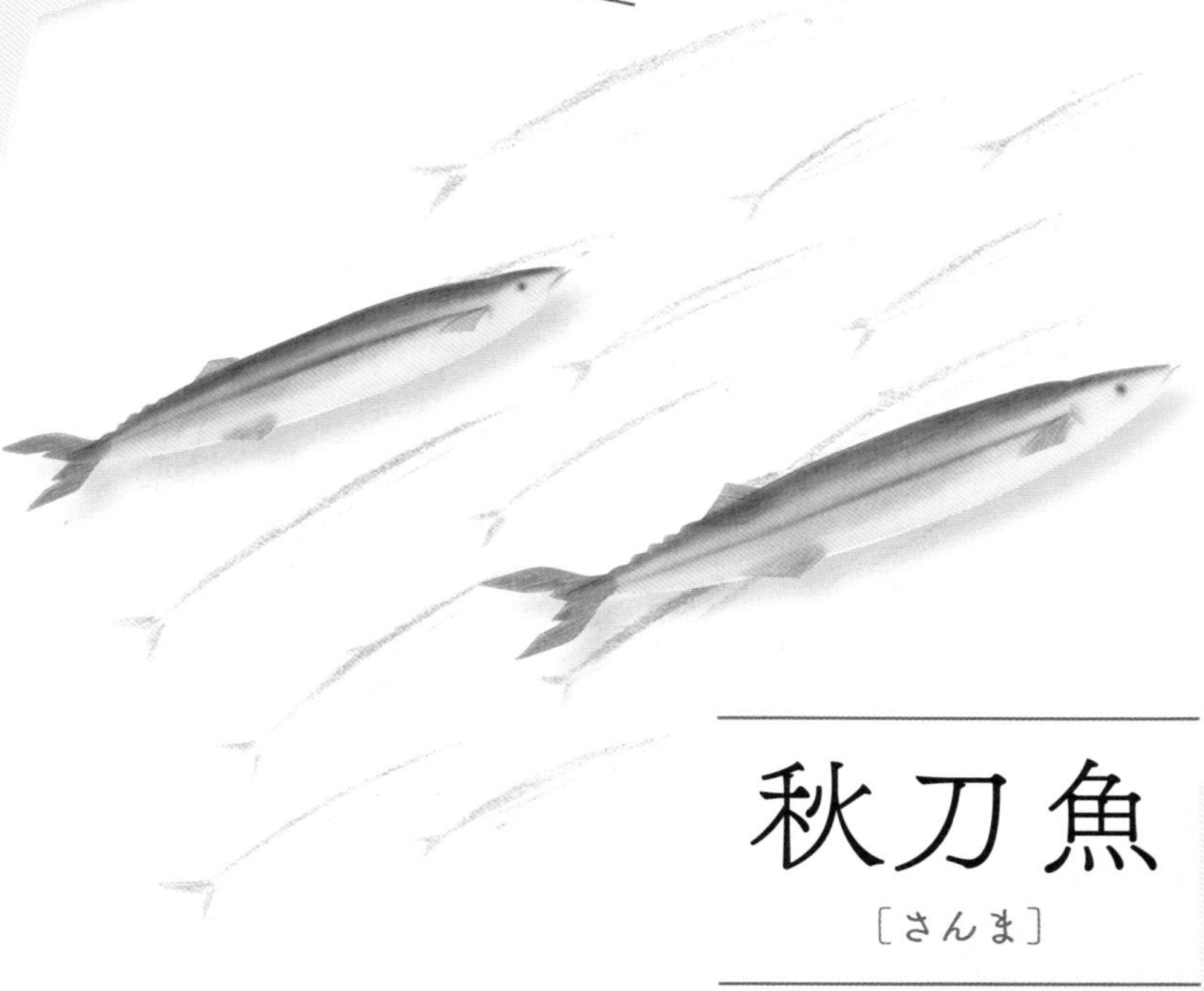

秋刀魚

［さんま］

落語「目黒のさんま」でも有名な庶民の秋の味覚。最近は不漁で、値段が高めの年が多い。なお、小津安二郎監督の遺作「秋刀魚の味」は、タイトルにあってもサンマは出てこない。

ちょうめい

澄明

澄み切って明るいこと。

1964年10月10日の東京オリンピック開会式は、快晴に恵まれて澄明《ちょうめい》な空のもと行われました。その開会の日を記念して10月10日が祝日「体育の日」になったのは1966年のことです（2000年からはハッピーマンデーとして10月第2月曜日になりました）。

10月は「空気に澄明感があり」と、歳時記にも記される季節です。

澄の字は、本来「水が透き通る」という意味でしたが、空や音など、いろいろな場面で使われています。

「精神を集中させる」という意味で「研ぎ澄ます」「狙い澄ます」と使うこともよくありますが、この「澄ます」が「済ます」になっている誤字を時々見かけます。「狙い済ましたシュート」などというのは、「狙い澄ました」としなければなりません。もし分からなければ、「狙いすました」と仮名書きにするほうがよいでしょう。

「毎日ことば」で「澄明」の読みを出題したところ、正解率は59%にとどまりました。常用漢字表にも掲げられている音読みですが、「常用」されているとはいえないようですね……。

例

◎秋晴れの**澄明**な空のもと、運動会が行われました。

◎あの歌手の歌声はますます**澄明**になっていく。

霹靂《へきれき》

急に激しく鳴る雷のこと。

現代日本では「霹靂《へきれき》」という言葉は、「青天の霹靂」という慣用句でしか見られないでしょう。**よく知られるように、急に起こった大事件のたとえとして用います。**

この「せいてん」が「青天」であることに注意してください。晴れた空と青い空はほぼ同じ意味ですが、慣用句としては一般的に「晴天の霹靂」ではなく「青天の霹靂」と書きます。

実は「晴天の霹靂」は『日本国語大辞典』などに用例があり、今は誤字とはいいにくいのですが、中国の陸游《りくゆう》の詩が出典であり、伝統的には「青天」が適切なのです。

その詩では、突如起き上がり筆を執る様子のたとえでした。突然、稲妻のように何かが頭にひらめいたのかもしれません。

ところで、「稲妻」の読みは「いなずま」と書くか「いなづま」と書くか、ご存じでしょうか。大昔、雷と稲との交わりで稲がはらんだとされたそうで、「稲」と「つま」は語源的にはつながりがあり、「いなづま」と書いても間違いとはいえません。

しかし、現代仮名遣いの本則では「いなずま」が正解です。

例

◎2014年9月の御嶽山《おんたけさん》噴火はまさしく青天の**霹靂**だった。

漢字の読みの正解率

94%

つるべ

釣瓶

縄などに付けて井戸水をくみ上げるための、おけのこと。

秋はあっという間に日が暮れるという意味のことわざ「秋の日は釣瓶《つるべ》落とし」は有名です。しかし、釣瓶も井戸もほとんど使われなくなった今、どうして釣瓶が比喩になったのか、実感として分からない人がほとんどでしょう。

毎日井戸水をくみ上げている人にとって、水の入った釣瓶を人力で引き上げる時間と労力に比べると、空の釣瓶が井戸の底に落ちる勢いは、本当に一瞬のように感じられたに違いありません。

そんな生活の実感がこめられたことわざ「秋の日は釣瓶落とし」は、釣瓶そのものが珍しくなった今でも、言葉として生き続けているのです。

「井戸端会議」もそうですね。井戸を見なくなっても、言葉だけは残っています。

ちなみに「釣瓶落とし」は、なんと妖怪の名にもなっています。『ゲゲゲの鬼太郎』で有名な漫画家、水木しげるさんの『妖怪図鑑』などによれば、大木のこずえなどからだしぬけに下がってくる大きな首の妖怪です。暗い夜道は危険だから出歩かないようにという、昔ながらの警告を含んでいるのかもしれませんね。

なお「暮れなずむ秋の空」という表現は不適切です。「暮れなずむ」はなかなか暮れないでいるということですから、春ならいいのですが、釣瓶落としの秋の日には使えません。

例

◎朝顔に釣瓶取られてもらひ水　加賀千代女

漢字の読みの正解率 88%

集く

すだく

集まること。虫が鳴くこと。

「集《すだ》く」という言葉を、響きの美しい日本語として愛する人は少なくないと思うのですが、大方は虫が「鳴く」意味として使っているのではないでしょうか。

『鳴く』だけの意味は誤解された意味」と『旺文社古語辞典』にあり、もとは誤用だった意味が定着したようです。

改めて辞書を調べると「集」の漢字があり、もともとは集まるという意味だったことがわかります。 そのせいか「すだく」ではなく、「虫すだく」で秋の季語となります。

ちなみに「虫」だけでも秋の季語です。この虫は秋に鳴くコオロギ、キリギリス、鈴虫などを指し、「虫の音」と書く場合の「音」は「おと」ではなく「ね」と読みます。『枕草子』の「秋は夕暮」のところで「風の音むしのねなど、はたいふべきにあらず」とありますが、風は「おと」、虫は「ね」と使い分けているのですね。単なる「おと」ではない、音色の「ね」というところに、日本人の美意識が表れていると思いませんか。外国では虫の鳴き声は雑音として感じられるそうですが、「音《ね》」は「美感を伴うおと」と『新明解国語辞典』にあります。美しい音色として聞く遺伝子が日本人に組み込まれているようです。

例

◎**集く**虫の音を聞きつつ物思いにふける秋の夜長だ。

漢字の読みの正解率

35%

露時雨

つゆしぐれ

露が降りて、時雨にぬれたようになること。

「露時雨《つゆしぐれ》」は味のある言葉ですが、意味の曖昧な語でもあります。右に掲げた語釈の他にも「草木の上の露が時雨のように降りかかること」、あるいは単に「露と時雨」を並べた意味もあります。**時雨とは晩秋から初冬に降る雨のことですから、「露と時雨」となりますと、11月ごろの言葉になるでしょうか。**

では、動詞が続くとすれば、どれが適切でしょうか。「露時雨が降る」か「露時雨が降りる」か、はたまた「露時雨がある」なのか……。

『新古今和歌集』には「露時雨漏る山かげの下紅葉ぬるとも折らむ秋のかたみに」という藤原家隆の歌もあります。しっくり結びつく動詞が思いつかなければ、名詞のみで使う方がよいでしょう。

「露」単独の場合はどうでしょうか。「露がふる」より「露が降りる」というのが一般的だと思いますが、「露を置く」という表現もあります。露とは地上の水蒸気が水になったものですから、これは「ふる」よりも正確といえるかもしれません。

ただし、日本語がすべて科学的に正確でなければならないとしたら、ちょっと味わいの乏しい文章になってしまいますよね。

例

◎露時雨

猿蓑《さるみの》遠きおもひかな　石田波郷

漢字の読みの正解率

94%

霜降の節

そうこうのせつ

二十四節気の一つで、霜が初めて降りるころ。

「霜降《そうこう》の節《せつ》」は新暦では、10月23日ごろになります。秋の季語になっていますが「霜」自体は冬の季語です。**いよいよ冬が近づいてくることを「霜降」の文字は告げているのです。**

ところで、「霜が降《ふ》る」というのは、認める辞書もあり間違いとは言い難いのですが、「霜が降りる」の方が普通の表現です。気象庁のホームページにある気象用語の解説でも「霜が降る」を「使用を控える用語」として、「霜がおりる」にしています。同じ「降」の字でも「おりる」と「ふる」ではだいぶ印象が変わってしまうのが日本語のやっかいなところでもあり、面白さでもあるのではないでしょうか。

もちろん、肉の「霜降り」は「しもおり」ではなく「しもふり」です。

さて、「霜」が冬の季語であるのに対し「霧」は秋の季語ですが、霧は「おりる」も「ふる」もなじみません。霧にふさわしいのは「立つ」なのです。

「むらさめの露もまだひぬ槙の葉に霧立ちのぼる秋の夕暮れ」という百人一首の寂蓮法師の歌にもあるように、霧は立つものという感覚は平安の昔から今に至るまで共有されています。この日本人の絶妙な感覚を、大事にしていきたいものですね。

例

◎**霜降の節**、農家は早霜の注意をしなければなりません。

漢字の読みの正解率

77%

やき

夜気

夜の冷たい空気。または夜の気配のこと。

「夜気《やき》」には、曇りなく静かな心という意味もあります。その出典は『孟子』です。

孟子は古代中国で人間の性善説を唱えました。**人はみな、もともと夜中の清浄な空気のように濁りのない良心の芽を持っていたというたとえとして、夜気という言葉を使ったのです**。そして、日中の行いがその夜気をなくしてしまい、つまり夜気がなくなれば鳥や獣と同じようになってしまう——と孟子は嘆きます。

今は孟子がいう意味でこの語を使う人はまれでしょう。ただし、しんしんとした夜気を感じる時分は、冷静に思索を深めたり読書をしたりするのに適しています。

なお、「夜気」も前項の「霜降」も音読み熟語ですが「霜夜」という言葉は「しもよ」と訓読みになります。これも味わい深い言葉です。

百人一首の藤原良経の歌に「きりぎりす鳴くや霜夜のさむしろに衣片敷きひとりかも寝む」というのがあります。このキリギリスは今でいうコオロギのようです。

芥川龍之介の『霜夜』というエッセーも俳諧的滋味にあふれた名文です。秋の夜に読むのに最適ですよ。

例

◎夜はめっきり寒くなりましたので、**夜気**に当たり過ぎないようにしてください。

漢字の読みの正解率 68%

そどく

素読

文章の意味は考えずに音読すること。

10月27日から11月9日までは「読書週間」にあたります。読書の秋にふさわしい夜は、ちょっと気取って古典の素読《そどく》などいかがでしょうか。

昔は寺子屋や小学校などで、『論語』を声に出して覚えさせることが行われていたようです。**意味は分からなくていいからとにかく音読する「素読」ですが、音読するうちになんとなく意味も分かってくる**（ような気がする）**ものです。**まさに、格言「読書百遍意《ひゃっぺんい》おのずから通ず」の通りですね！

ところで校正・校閲関係者にとっては「すよみ」という言葉の方がおなじみでしょ

う。昔は手書き原稿とそれを入力した字を2人1組で読み合わせして照合したのです。

しかし、ワープロの普及とともに手書き原稿はめっきり少なくなり、筆者自ら入力した原稿を「素読み」してチェックする仕事が校閲の中心になりました。

しかし、目だけで文字を追っていくと、ついつい字面だけ見て内容を把握していないことがあります。そんなときは小さい声で音読すると頭に入るような気がします。

『声に出して読みたい日本語』（齋藤孝著）ではありませんが、視覚だけでは得られない効果が音読にはあるのでしょう。

例

◎最近は小学校でも**素読**の効用が見直されているそうだ。

漢字の読みの正解率 56%

凩

こがらし

秋の末から冬の初めにかけて吹く、冷たい北風。

「凩《こがらし》」は国字（日本製の漢字）ですが、常用漢字ではありません。普通は「木枯らし」と書きます。ちなみに「凪《なぎ》」「凧《たこ》」も国字です。「木枯らし」と書けば済むのに「凩」などの漢字を創作してしまうのが、日本人の感受性の豊かさといえるかもしれません。

ところで、これらの字を漢和辞典で探すとすると部首は何でしょうか。円満字二郎さんの『部首ときあかし辞典』（研究社）によると、昔ながらの漢和辞典では「机」の右の「几」部に属するとされますが、最近では凩、凪、凧、凰を「かぜかまえ」に属するとして区別するようになってきているといいます。

さて、筆者には木枯らしが吹き始めるのは11月というイメージがあるのですが、東京地方における2008～2017年の「木枯らし1号」の日を見ると、10月5回、11月5回と半々になっています。ちなみに、2017年現在で最も早い記録は1988年の10月13日ということです。

気象庁の木枯らし1号判定の条件の一つは10月半ばから11月末までに吹く風とされているので、10月の木枯らしはけっして珍しくないのですね。

例

◎凩や海に夕日を吹き落とす　夏目漱石

漢字の読みの正解率　76%

活を入れる

かつをいれる

　秋といえば食欲、芸術、そしてスポーツですね。「活を入れる」という慣用句は特にスポーツに関して使われるとは限りませんが、語源的には柔道に基づくようです。「活」は柔道の絞め技などを受け気絶した人の意識を取り戻すための方法をいい、「活法」という熟語もあります。そこから一般的に「刺激を与えて元気づける」という意味になったと考えられます。

　ですから「活」の字が正しいのですが、とても多いのが「喝を入れる」という誤記です。叱る意味で使う「一喝する」「喝を食らわす」の「喝」との混用でしょう。

　監督などが「カツを入れる」場面というと、劣勢をなんとかしようと大声でチームを鼓舞する姿が思い浮かびます。これと、禅宗のお坊さんが「喝！」と大声で叱るイメージが結びついて「喝を入れる」という字が広がっていると思われます。

身をかわす

みをかわす

夏目漱石の紀行文『満韓ところどころ』にこんな一節があります。

「佐治さんが遣《や》って来て、夏目さん身をかわすのかわすと云う字は何《ど》う書たら好いでしょうと聞くから、左様《そう》ですねと云って見たが、実は余も知らなかった。為替の替《かわ》せると云う字じゃ不可《いけ》ませんかと甚だ文学者らしからぬ事を答えると、佐治さんは承知出来ない顔をして、だってあれは物を取り替える時に使うんでしょうと遣り込めるから、已《やむ》を得ず、じゃ仮名が好いでしょうと忠告した。佐治さんは呆れて出て行った」

「かわす」は漢字で「躱す」と書きます。「替す」と答えたのでは、相手にやり込められるのも無理はありませんね。しかし、仮名にすればいいとかわしたのは極めて適切です。難しい漢字を書く人が偉いわけではないのです。

10月の暦

7～9日 【長崎《ながさき》くんち】

第2月曜日 【体育《たいいく》の日《ひ》】

14日 【鉄道《てつどう》の日《ひ》】

15～17日 【神嘗祭《かんなめさい》】

「しんじょうさい」ともいう。その年に取れた新しい米を神に供する祭り。伊勢神宮では10月15～17日に、皇居では17日に行われる。

27日～11月9日 【読書週間《どくしょしゅうかん》】

31日 【ハロウィーン】

11月

鴛鴦

［おしどり］

「鴛」は雄、「鴦」は雌。雄は色彩豊か。「おしどり夫婦」は仲良し夫婦のたとえ。ただし、カップルで行動するのは繁殖期の短い間という。

爽秋

そうしゅう

爽やかな秋のこと。

「爽秋《そうしゅう》の候」などとして、手紙のあいさつに用いられます。11月3日は祝日「文化の日」ですが、この日は晴れの「特異日」と呼ばれることがあるほど、晴れることが多いとされています。

秋晴れの空気は爽やかで気持ちがいいですね。**「爽やか」が、秋の季語になっているほどです。**

ちなみに「爽やか」に対応する春の季語は「うららか」でしょうか。もっともこれはあくまで俳句の約束事であって、普通の人が5月の気候がよい時節に「爽やか」と使っても、間違いとは言い難いでしょう。

しかし「うららか」を秋に使うのは、俳句でなくても避けなければいけません。「うららか」と「春」は、もはや切り離せないほど結びついているのです。これに対し「爽やか」は「さわやかな笑顔」など季節の感覚以外でも広く使われています。

ちなみに、「毎日ことば」で「爽秋」の読みを出題したところ、「さっしゅう」の誤答が2割近くもありました。「颯爽《さっそう》」と混同した人が多かったのでしょう。

例

◎**爽秋**の空気が気持ちよい季節です。

漢字の読みの正解率

79%

とうかしたしむべきこう
灯火親しむべき候

夜、明かりの下で書物を読むのに適している秋の時候。

「灯火《とうか》親《した》しむべき候《こう》」は「灯火親しむ候」などともいい、秋の手紙の冒頭のあいさつに用いられるフレーズです。唐の文人、韓愈《かんゆ》の詩が出典になります。

字は「灯火」が正しいのですが、俳句では「灯下親し」も使われています。水原秋《しゅう》桜子《おうし》編の俳句歳時記などは「灯火親し」とともに「灯下親し」も掲げています。

とはいえ、今の電気による明かりと違い、昔の明かりはその下で読書するのに適したものとはいえないでしょう。そのことを示す慣用句が「灯台下暗し」です。この場合の灯台は海を照らす灯台ではなく、室内の照明用のものを指します。油を入れた皿の真下は上や横よりも暗いものでした。そこで「灯台下暗し」という慣用句が生まれたのです。ゆえに読書のために「灯下親しむ」というのは不適切なのです。

なお、「親しむべき候」の「候」の字も要注意です。同じ「こう」と読み、形も極めて似ている「侯」という漢字があります。「侯」は侯爵、諸侯など貴族や領主に用いる字で、気候の「候」とは全く違いますので、気をつけてくださいね！

例

◎**灯火親しむべき候**となりましたが、秋の夜長いかがお過ごしですか。

漢字の読みの正解率

49%

かみありさい
神在祭

島根県の出雲大社で、旧暦の10月11日から17日まで行われる祭り。

旧暦10月は全国の神々が出雲に行くので「神無月《かんなづき》」といわれますが、出雲では「神在月《かみありづき》」といいます。**出雲に集まった神々が、人々の縁を結ぶための協議をするということです。**その祭りを「神在祭《かみありさい》」といいます。

もっとも、神無月の語源は他にも諸説あり定かでありません。「神無月」という漢字をあてててしまったがゆえに、もっともらしい説が流布してしまったのですが、「な」は「無」ではなく「の」、つまり「神の月」を表すという説の方が有力のようです。

漢字伝来以前からある日本語は、漢字と切り離して語源を考えなければいけません。

ただ、日本語の使い方が変わってしまったのに漢字が元の意味を残しているという場合もあります。10月の項で紹介した「集《すだ》く」（P204）がそれにあたります。また「論《あげつら》う」もそうです。「あげつらう」は現在「揚げ足を取る」と似た非難の意味で用いられていますが、『古事記』の序文には、神々があげつらって天下を平定したとあります。これは本来の議論としての「あげつらう」の意味です。

日本人は元々話し合いで解決するのを重んじた、ということかもしれませんね。

例

◎**神在祭**の出雲に集まっていた神々が帰ってくることから、旧暦11月の異称は「神帰月《かみかえりづき》」とされます。

漢字の読みの正解率 49%

深秋

しんしゅう

秋の深まったこと。晩秋。

「秋深し」「深まる秋」「深みゆく秋」など、「秋」と「深」は相性がいい結び付きです。それでは、これらの「秋」を他の季節に置き換えるとどうでしょうか。「夏深し」「深まる冬」「深みゆく春」……。あまり聞きませんね。「春深し」という季語はあることはあるのですが、やはり「秋深し」の方がなじみがあります。「秋深し隣は何をする人ぞ」という芭蕉の句も有名です。

これは、熟語でも同じです。『日本国語大辞典』には「深秋《しんしゅう》」はあっても「深夏」「深冬」は見当たりません。

なぜ秋に限って「深」という言葉と結び付きやすいのか、面白いと思いませんか。

おそらく、冬の直前である秋深い季節には、深く沈んでいくような感覚的イメージがあるのでしょう。晩秋は木々が葉を落とし、虫の声も途絶え、雰囲気が沈降するようです。

そういえば、英語の「秋」を指すfallにも、「落ちる」という意味がありますね。

ちなみに、「深秋」には「新秋」という秋の始まりを意味する同音異義語があるので、少なくとも話し言葉では使わない方がよいでしょう。

例

◎街路樹のイチョウが黄金に色づき、街はいよいよ**深秋**の装いだ。

漢字の読みの正解率 92%

いちりゅうまんばい

一粒万倍

ひと粒のもみから万倍もの米ができることから、少しの物事からたくさんの成果が得られること。

「一粒万倍《いちりゅうまんばい》」には少しのものもおろそかにできないという意味もあり、イネの別称でもあります。

11月にもなると、書店にはさまざまなカレンダーが並びます。日めくりや「高島暦」を使われる人は、「一粒万倍日」という日を目にしたことがあるのではないでしょうか。

「一粒万倍日」は縁起のいい日とされていますが、必ずしも万事うまくいくとは限らないようです。神宮館編集部『こよみ用語辞典』にはこうあります。

「何事も良い事の初めに用いられます。ただし、金銭を借りたりするのに用いると、後で苦労の種も大きくなってしまうといわれています。良きも悪しきも後に大きくなって自分に返ってくるという意味があります」

なお、粒の音読み「リュウ」を使った四字熟語に「粒々辛苦《りゅうりゅうしんく》」があります。穀物一粒一粒は農民の労苦の結晶ということ、また、こつこつ努力することを意味します。農家のその苦労に感謝して、おいしい新米をいただきましょう。

例

◎ **一粒万倍**といわれる米だが、その実りをもたらす農家の努力は並大抵ではない。

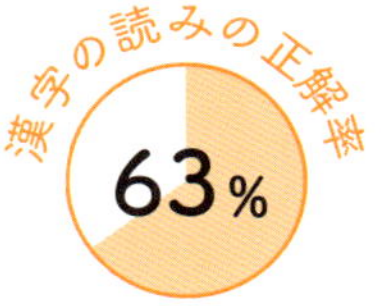

ぬさ

幣

神に供えたり、おはらいに使ったりする紙や麻などのこと。

「幣《ぬさ》」は御幣《ごへい》などともいいます。「御幣担ぎ」というのは縁起担ぎと同じ意味です。

百人一首に選ばれた菅原道真の歌に「このたびは幣もとりあへず手向山《たむけやま》もみぢの錦神のまにまに」というものがあります。これには、幣の用意ができずに旅に出るので代わりに紅葉を神に手向けるという意味があります。

紅葉の季節のたびにこの歌を思い出す人も多いのではないでしょうか。「神のまにまに」の「まにまに」が耳に心地よい、百人一首の中でも有名な歌の一つといえるでしょう。

ちなみに、「紅葉を『錦』に見立てるのは中国詩にない我が国詩人の発明」（三省堂名歌名句辞典）だそうです。さすがは学問の神とされる菅原道真ですね！

ところで「幣」の字は「弊」と形も酷似し、音読みも「ヘイ」と同じなので、昔から要注意の字です。**「幣」が価値のあるものに使われる一方、「弊」には「駄目にする」という意味があるのです。**プラスとマイナス、まるっきり逆の意味合いです。けっして、自分の会社のことを「幣社」などと間違えないよう注意しましょう。

例

◎神主さんが持っているものを見て「あれが幣か」と思った。

漢字の読みの正解率

67%

錦木

にしきぎ

ニシキギ科の落葉低木。

錦はきれいな絹織物のことです。**「錦木《にしきぎ》」は真っ赤に紅葉する美しさを、その錦にたとえて名づけられました。**

もちろん、紅葉を錦にたとえるのはこの植物にかぎりません。「錦秋《きんしゅう》」という紅葉が錦の織物のように美しい秋という意味の言葉もあるくらいですから、秋に紅葉する植物すべてが錦にたとえられるといっても過言ではないのです。その中でも、この植物にニシキギの名を与えられたということは、それだけ昔からあでやかな色が印象的だったということでしょう。

なお、錦木には植物とは全く違う意味もあります。東北地方の風習で、男性が女性に求愛するときに使われた、五色に彩った木片のことです。

男性が恋する女性の家の前に、毎夜この木片を立ててゆき、女性が家にしまうと求愛を受け入れるというサインになったそうです。

秋田県鹿角市の十和田錦木地区には、1000束もの錦木を立てる直前に死んだ若者と姫との悲恋伝説を基にした「錦木塚」が残っています。

世阿弥の能の演目「錦木」のモチーフとなったほか、この伝説に触発された石川啄木も詩を書いています。

例

◎**錦木**に寄りそひ立てば我ゆかし　高浜虚子

漢字の読みの正解率 59%

にいなめさい

新嘗祭

天皇が収穫に感謝し新穀のご飯などを神に供え、自らも食する古来の行事。

「新嘗祭《にいなめさい》」は古くは祭日とされ、旧暦11月の卯《う》の日に行われました。「しんじょうさい」ともいいます。

1948年、祭日としての新嘗祭は、国民の祝日「勤労感謝の日」になりました。

勤労感謝の日は祝日法では「勤労をたっとび、生産を祝い、国民たがいに感謝しあう」とありますが、何に感謝する日なのか今一つ分かりにくいですね。

もとは収穫祭の性格があったので「ご飯が食べられることに感謝する日」と理解するとよいかもしれません。

民俗学者、柳田国男の『年中行事覚書』によると、「新嘗は我国でことに大きな重い祭」とあり、その日に旅の神が訪れるという伝説もあるようです。

ところで「新嘗祭」と似た語に「大嘗祭《だいじょうさい》」があります。これは天皇が即位して最初の新嘗祭をいいます。折しも2019年には新天皇即位に伴い、秋に大嘗祭が29年ぶりに行われる予定です。

例

◎新嘗祭は宮中行事の収穫祭で、民間の収穫祭としては西日本の「亥《い》の子」などがある。

漢字の読みの正解率 89%

受章

じゅしょう

11月3日の文化の日には、文化勲章の授与が皇居で行われます。同じころ各種叙勲や褒章の発表もあり、新聞各紙は特集などで伝えます。

ここで気をつけるべきなのが「じゅしょう」の漢字です。「受賞」などと誤記されることが多いのですが、勲章や褒章を受けるのは「受章」です。

そして勲章の種類「桐花《とうか》大綬章《だいじゅしょう》」「旭日中綬章《きょくじつちゅうじゅしょう》」などの「綬」にも注意してください。「綬」というのは勲章などを身につけるときのひもですから、「ひもだから糸へん」と覚えておけば間違えないでしょう。

また、11月の初旬はノーベル賞の発表があります。こちらはもちろん「受賞」ですが、それとは違う方面で気をつけたいのが、発表と受賞の時差です。ノーベル賞は11月初めに発表され大きく報道されますが、授賞式があるのは12月です。それまでの間、「受賞した」と過去形で書くのは適切ではありません。

枝もたわわに柿がなる

えだもたわわにかきがなる

「たわわ」というのは果物などの実がなって枝がしなっているさまです。「たわわに実る」という形でもよく使いますが、「枝もたわわに……」という用法もあります。『徒然草』にはこんな用例があります。「大きなる柑子《かうじ》の木の、枝もたわわになりたるが……」。柑子というのはミカンの一種です。

ところが、この使い方のつもりで「実もたわわに柿がなる」としたら誤用になります。「たわわ」は「たわむ」、つまり重さで弧を描く様子なので、その主体は柿の実ではなく枝なのです。

さて、自分の庭で実った柿などを「お裾分けです」と言って他人にあげる人がいると思いますが、このお裾分けの使い方にも要注意です。「裾分け」とは、もらった物や利益の一部を人に分け与えることをいいます。つまり、「お裾分け」はお歳暮などで他人からいただいたものを分けるときに使うのです。ですから、自分のものを分けるのは「お裾分け」といいません。

11月の暦

3日 【文化《ぶんか》の日《ひ》】

8日ごろ 【立冬《りっとう》】

15日 【七五三《しちごさん》】

23日 【勤労感謝《きんろうかんしゃ》の日《ひ》】

酉の日 【酉《とり》の市《いち》】

11月の酉の日に東京・浅草の鷲《おおとり》神社で行われる。一の酉、二の酉の2回、年によって三の酉まで3回、縁起物の熊手が売られにぎわう。

12月

馴鹿

［となかい］

音読みで「じゅんろく」。これは本来、ならされた鹿の意味。トナカイはアイヌ語から。鹿は雄にしか角が生えないが、トナカイは雌雄とも生える。

ごくげつ

極月

12月の異称。

12月の異称としては「師走」がもっとも有名ですが、他にも「臘月《ろうげつ》」など、いくつか挙げられます。

その一つの「極月《ごくげつ》」は「ごくづき」とも読みます。「毎日ことば」で「極月」の読みを「ごくげつ」「きょくがつ」「きめつき」の3択で聞いたところ、「きめつき」が正解の「ごくげつ」を上回り半数以上の回答となりました。これには「月極《つきぎめ》駐車場」の看板のイメージが影響したかと思われます。「極」には「きわめる」のほかに「きめる」という訓読みもあるのです。

江戸時代の大みそかを描く井原西鶴『世間胸算用《せけんむねさんよう》』には「極月の末」という用例があります。町人の経済が発達した江戸時代には、借金のきまりをつけるのが大みそかでした。そこで借金を抱えた者と取り立てる者の大みそかの攻防を描いた小説が、この『世間胸算用』です。

例

◎「極月14日」といえば赤穂浪士討ち入りの日です。

漢字の読みの正解率

32%

六連星

むつらぼし

おうし座プレアデス星団の和名
「すばる」のこと。

冬の夜空に見える星です。**肉眼で見えるのが6個であることから「すばる」のほかに「六連星《むつらぼし》」とも呼ばれます。**

では「すばる」はどういう意味がある名前なのでしょうか。これは「統《す》ばる＝集まって一つになる」から来た言葉です。「統べる」というのは「一つにまとめる」ことから「支配する」という意味も持ちます。

作家の井上ひさしさんは『井上ひさしと１４１人の仲間たちの作文教室』（新潮文庫）で「日本語には『星の名が少ない』」「日本人はおしなべて、星を見ない」「金星、土星、そして太陽まで、すべて漢語」と述べたあと、こう続けます。

「日本人が考えた星の名前で意外なのは、あの『昴《すばる》』なんですね。（中略）ご覧になった人はわかると思いますが、何かそこを中心にして全《すべ》ての星を統《す》べて（引用者注：これ、もしかして井上さん流ダジャレ？）いるように見える。そこから、『統《す》べる、統《す》べる』で「昴」になったことは、語源的にしっかりしているんです。（中略）この昴ぐらいじゃないでしょうか、日本人が星の名前を自前でつけたのは」

なお、漢字の「昴」はたかぶる意の「昂《こう》」とよく似ているので、気をつけてくださいね！

例

◎ SUBARUの自動車には六連星がデザインされている。

漢字の読みの正解率 52%

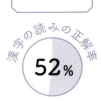

うんしゅうみかん

温州蜜柑

ミカンの代表的品種。

小学館『日本大百科全書』でミカンを調べると、「ウンシュウの名は、その優れた品質から中国のミカンの名産地、浙江省《せっこう》の温州が冠せられたもの」とあります。

つまり「温州蜜柑《うんしゅうみかん》」は、名前は中国の地名を冠してはいるものの、純然たる日本原産のミカンのようです。鹿児島で突然変異により生まれたとされています。

さて、**ミカンと片仮名書きするのであれば関係ない話ですが、「蜜柑」の「蜜」は「密」と誤りやすいので気をつけなければなりません。**

芥川龍之介の『蜜柑』は、国語の教科書に載ることも多い名短編ですが、ある文庫本ではカバー背表紙が「密柑」となっていて驚きました。表紙や中身は正しいのに、よりによって本棚に並べたとき一番目に触れる書名を間違えているなんて……。

「人の不幸は蜜の味」といいますが、この誤植を見逃してしまった人の気持ちを想像すると、校閲者としてはとても人ごととは思えませんでした。

ちなみにこの「人の不幸は蜜の味」は、ことわざの研究家・時田昌瑞さんによると1990年前後から現れたと推測されるとのことです（『ことわざのタマゴ』朝倉書店）。

例

◎ウンシュウミカンは温州蜜柑と書くが、DNA鑑定によると紀州ミカンと九年母《くねんぼ》が親で、中国の温州とは関係ない。

漢字の読みの正解率 72%

進物

しんもつ

贈り物のこと。

「進物《しんもつ》」は、慶事やお歳暮・お中元のときに使われる言葉です。**ここでの「進」は「進呈」などと同じく「差し上げる」ことを意味しています。**

鎌倉時代には「進物奉行」、江戸時代には「進物番」という役職があるほど、進物は昔の政治で大きな役割を果たしていました。

さて、12月14日は元禄15年の赤穂義士討ち入りの日として有名です。今でも12月には毎年のように忠臣蔵のドラマや歌舞伎などがありますね。

その走りになった浄瑠璃『仮名手本《かなでほん》忠臣蔵』の序盤のハイライトである、刃傷の場面の直前には、「進物」の段があります。

浅野内匠頭が刃傷に及んだ理由としてよく言われるのは、吉良上野介に対する進物（賄賂）が足りないことを根に持たれ、いじめられたということです。

しかし、吉良家は当時とても裕福でしたので、そんなささいなことで恨みを買うほど侮辱するだろうか、などの疑問もあるようです。

ともあれ、現代では進物によって見返りを期待するのではなく、純粋にお世話になったお礼として贈り物をしたいものですね！

例

◎毎年夏冬の**進物**代もばかにならないので虚礼廃止の動きもある。

漢字の読みの正解率

89%

虎落笛

もがりぶえ

冬の風が柵や竹垣などに当たって、笛のような音を立てること。

「虎落笛《もがりぶえ》」は冬の季語です。**一般の人にはなじみのない言葉かもしれませんが、俳人には好まれている語の一つです。**

「もがり」といえば映画「殯《もがり》の森」（河瀬直美監督）で知られる、貴人の遺体の安置（所）を表す古語と同音です。なかには、語源的に関連づけている歳時記もあります。

他にもさまざまな語源説がありますが、もっともよく見られるのは、竹を組み合わせて作った柵や垣根を指す虎落に当たった風の音が「虎落笛」の由来という説です。

逆らうことなどの意味のある「もがる」からきたという説や、「もがる」に子供が駄々をこねる意味もあるとして、風の泣くような音を「もがり笛」と言ったという説も……。どうも定説がないようです。

水原秋桜子の歳時記の解説を引きましょう。「ある時は激しくむせび泣くように、ある時は嘲り笑っているように聞える虎落笛である」「その音を聞くことによって起る寂しさや不安な気持を主題とした心境詠が多い」（『俳句歳時記』講談社文庫）

「虎」という当て字が、不安をかき立てる風の音にマッチしたのかもしれませんね。

例

◎ わが月日妻にはさむし**虎落笛**

加藤楸邨《かとうしゅうそん》

漢字の読みの正解率 59%

いっこん

一献

さかずき一杯の酒のこと。

「一献《いっこん》」の意味は、辞書で大抵初めにさかずき一杯の酒のことと書いてありますが、「一献傾けよう」と誘われても1杯で終わるわけがないのです。

しかし中世では、さかなと吸い物を添えた3杯の酒をすすめることだったそうです。

それに従えば、3杯までならまあ言葉通りといえるでしょう。

ことわざというべきかどうか微妙ですが、ことわざの辞典には「酒は三献に限る」という戒めがあります。三献とは、9杯ということになります。

そういえば、結婚式では「三三九度」の献杯があります。昔からこれが正式の席での酒の飲み方でした。それほど肩のこらない宴会でも、酒は9杯あたりが限度ではないでしょうか。

しかし、忘年会などで盛り上がると、1杯が「いっぱい」になって9杯以上飲んで泥酔してしまうことが飲んべえにはありがちです……。

『論語』の孔子の言葉に「酒は量無く、乱に及ばず」というものがあります。これは、分量を決めずに飲んでも節度があれば乱れることがないことをいいます。

ぜひとも、そうありたいものですね!

例

◎「今夜、一献いかがですか」と古風な誘われ方をした。

漢字の読みの正解率 81%

寒苦鳥

かんくちょう

仏教で伝わる想像上の鳥で、精進しない人のたとえ。

「寒苦鳥《かんくちょう》」はインドのヒマラヤにすんで、夜は寒さに苦しみ、「夜が明ければ巣を作る」と鳴きますが、朝になり暖かくなると巣を作るのを怠け「無常の世にどうして巣など作るのか」と言うと伝わっています。冬の季語にもなっており、夏井いつきさんの句に「寒苦鳥呼ばはりされし日向椅子」というものがあります。

筆者もそうですが、わが身を振り返って心当たりのある人は多いのではないでしょうか。喉元過ぎれば熱さ（この場合は寒さ）を忘れる、衆生《しゅじょう》の悲しさです……。

例えば、寒い夜、することがあって熱かんを1杯だけ飲んで体を温めてからしようとするけれど、結局すべきこともしないまま眠ってしまう。朝になって後悔しても、夜になれば、また同じことを繰り返してしまうのです。寒苦鳥の教訓は、今やるべきことは今すべきだということでしょう。最近では「今でしょ！」という流行語もありましたね。

さて「かんくちょう」というと、「かんこどり」を連想する人も多いでしょう。閑古鳥とはカッコウのことです。これと寒苦鳥を並べた与謝蕪村の句があります。

「かんこ鳥は賢にして賎《いや》し寒苦鳥」

例

◎大地震が起きたとき備えを万全にしなければと思ったはずなのに、**寒苦鳥**のようにいまだに何もしていない。

漢字の読みの正解率

40%

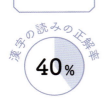

風花

かざはな

晴天にちらつく雪のこと。

「風花《かざはな》」は美しい表現として好まれる冬の季語で、俳句の世界に限らず本や映画のタイトルにもなっていますね。また、**雪が積もった所から風に吹かれて飛んでくる雪のことも、風花といいます。**

雪は花にたとえられることが多く、雪の異称としても花の付く語はたくさんあります。「銀花《ぎんか》」「花弁雪《はなびらゆき》」「不香《ふきょう》の花」「六花《りっか》」「六出花《りくしゅつか》」「六《む》つの花」……。「六」の付く語は雪の結晶の形から、「不香の花」は香りがないことから雪の別名となりました。

しかし、江戸時代の鈴木牧之《ぼくし》は『北越雪譜』で、「雪を花などに見立てるのは昔からのならわしだけれど、これは所詮、雪の少ない地方の楽しみだろう。越後のように雪が多いと、ちっとも楽しいことなんかない（意訳）」と、喝破します。

そういえば雪には「白魔《はくま》」という大雪を魔物にたとえた異称もあります。こちらの方が雪国の人々には実感をともなう言葉かもしれませんね。

例

◎晴れているのにどこから流れてきたか、**風花**が頼りなげに舞っていた。

漢字の読みの正解率

83%

ひごよみ

日暦

1日1枚ずつ分けて記された暦のこと。

今は一般的に日めくりといいますが、昔の文学作品などには「日暦《ひごよみ》」という言葉が使われています。芥川龍之介の『葱《ねぎ》』という短編には「歳暮大売出しの楽隊の音、目まぐるしい仁丹の広告電灯、クリスマスを祝う杉の葉の飾り、蜘蛛手《くもで》に張った万国国旗、飾窓《かざりまど》の中のサンタ・クロス、露店に並んだ絵端書や日暦」と、大正時代の歳末の風景の中に出てきます。

少し前、スポーツキャスター、松岡修造さんの熱い一言を添えた日めくりが人気を博しましたね。ただし、これは1日ずつはぎ取るのではなく、めくるだけで何度でも使えるタイプのようです。こういったものだと分からないでしょうが、年内の日暦がだんだん痩せてくると、いよいよ年も押し迫ってきたのを実感するものなのです。

ところで、暦に時々「朔」という文字が印刷されているのに気づいたことはありませんか。これは旧暦の一日《ついたち》のことで、新月にあたります。また、朔の字でこよみを意味することもあるようです。

なお「暦日」は「れきじつ」と読み、こよみの意味もありますが、「年月」「月日」などの意味もあります。

例

◎新しい日暦を買って新年を迎える気分も高まっています。

漢字の読みの正解率 52%

大年

おおとし

大みそか（12月31日）のこと。

一年の最後の日を「大みそか」というのはなぜでしょうか。**みそかというのは旧暦で月の30日目、つまり三十日《みそか》ということで、これは旧暦の大の月の最後の日にあたります。**12月についてのみ「大」を付けて一年の最後を表すのです。

「大つごもり」も同じ意味です。「つごもり」は「月ごもり」つまり月がだんだん細くなっていき翌日には新月になるということです。それに大を付けたのが一年の終わりの日、大みそかです。樋口一葉に『大つごもり』という短編があります。

「おおみそか」も「おおつごもり」も漢字では「大晦日」と書きます。この「晦」を使って「晦《くら》ます」と書くと「行方をくらます」など「見えなくする」という使い方になります。ですから「晦日《みそか》」は月が行方を晦ます日ということなのです。

ちなみに一日を「ついたち」というのは、「月立ち」に由来します。いずれも月が主体だった旧暦ならではの表現ですね。

小説家でもあった俳人、石塚友二さんは「大年の廃品出るわ出るわ出るわ」という楽しい句を詠みました。大みそかに至ってもまだ大掃除が終わらないのですね……。

例

◎**大年**の夜、みすぼらしい旅人をもてなすと翌朝その客が黄金になっていたという昔話があります。優しい気持ちを忘れずに、良いお年を。

漢字の読みの正解率 40%

年賀状

ねんがじょう

　年賀状とは、書いた結果のものを指します。ですから「年賀状発売中」「年賀状を買う」「年賀状が値上がりする」という場合の「年賀状」は、実は不適切なのです。

　上記の3例はいずれも「年賀はがき」とすべきです。「年賀状を書く」であれば問題ありません。

　また「年賀はがき発売開始」もあまりよくない表現です。「発売」とは販売が始まることをいいます。つまり、「発売開始」だと意味が重複してしまうのですね。「販売開始」や「発売」とする方がよいでしょう。

　重複といえば、年賀状の末尾に「一月元日」「一月元旦」と書くと常識を疑われますのでご注意を。元日や元旦には、それだけで「一月」の意味が含まれているのです。「新年あけましておめでとうございます」というあいさつも感心しません。「あけましておめでとうございます」だけで十分です。

御用納め

ごようおさめ

御用納めとは12月28日にその年の執務を終えることをいいますが、「官庁で」という前提があることを忘れてはいけません。つまり、一般の会社で「御用納め」というのは「誤用」なのです。

毎日新聞も加入するマスコミ業界団体、日本新聞協会の新聞用語懇談会が編集した『新聞用語集』(2007年版)には「御用始め・御用納め→仕事始め・仕事納め」とある後にこう解説されています。

「『御用』とは本来政府、宮中の用務。官庁の場合に限って使う語で、民間を含めるときは『仕事始め・仕事納め』とする」

ちなみに新聞社は年中無休で必ず誰かが働いていますので、世間が「御用納め」「仕事納め」と言うのを羨ましいと思わないでもありません……。

12月の暦

2、3日 【秩父夜祭《ちちぶよまつり》】

埼玉県秩父市で12月2、3日を中心に催される秩父神社の例祭。日本三大曳山《ひきやま》祭りの一つ。2016年にユネスコ無形文化遺産の一つに選ばれた。

12日 【漢字《かんじ》の日《ひ》(「今年の漢字」発表)】

14日 【義士祭《ぎしさい》】

22日ごろ 【冬至《とうじ》】

24日 【クリスマスイブ】

31日 【大《おお》みそか】

岩佐義樹

いわさ・よしき

毎日新聞東京本社校閲担当部長。広島県呉市生まれ。早稲田大学第一文学部卒業後、1987年、毎日新聞社に校閲記者として入社。2008〜17年に毎日新聞朝刊で「週刊漢字　読めますか?」を連載し、毎日新聞・校閲グループが運営するインターネットサイト「毎日ことば」でも漢字の読みを問うクイズを出題した。著書に『毎日新聞・校閲グループの ミスがなくなるすごい文章術』(ポプラ社)、共著に『校閲記者の目』(毎日新聞出版)など。

デザイン	西垂水敦・太田斐子(krran)
イラスト	鈴木紗穂
カバー写真	長谷川梓
編集協力	国実マヤコ
校正	玄冬書林
編集	青柳有紀・安田遥(ワニブックス)

春は曙光、夏は短夜

季節のうつろう言葉たち

2018年6月3日　初版発行

著者　毎日新聞校閲グループ　岩佐義樹

発行者　横内正昭

発行所　株式会社ワニブックス
〒150-8482
東京都渋谷区恵比寿4-4-9　えびす大黑ビル
電話　03-5449-2711（代表）
03-5449-2716（編集部）
ワニブックスHP　http://www.wani.co.jp/
WANI BOOKOUT　http://www.wanibookout.com/

印刷所　株式会社 美松堂
DTP　株式会社 三協美術
製本所　ナショナル製本

定価はカバーに表示してあります。
落丁本・乱丁本は小社管理部宛にお送りください。送料は小社負担にてお取替えいたします。ただし、古書店等で購入したものに関してはお取替えできません。

ISBN 978-4-8470-9681-5